essentials

Essentials liefern aktuelles Wissen in konzentrierter Form. Die Essenz dessen, worauf es als „State-of-the-Art" in der gegenwärtigen Fachdiskussion oder in der Praxis ankommt. Essentials informieren schnell, unkompliziert und verständlich.

- als Einführung in ein aktuelles Thema aus Ihrem Fachgebiet
- als Einstieg in ein für Sie noch unbekanntes Themenfeld
- als Einblick, um zum Thema mitreden zu können.

Die Bücher in elektronischer und gedruckter Form bringen das Expertenwissen von Springer-Fachautoren kompakt zur Darstellung. Sie sind besonders für die Nutzung als eBook auf Tablet-PCs, eBook-Readern und Smartphones geeignet.

Essentials: Wissensbausteine aus den Wirtschafts, Sozial- und Geisteswissenschaften, aus Technik und Naturwissenschaften sowie aus Medizin, Psychologie und Gesundheitsberufen. Von renommierten Autoren aller Springer-Verlagsmarken.

Peter Gostmann

Einführung in die soziologische Konstellationsanalyse

 Springer VS

Dr. habil. Peter Gostmann
Goethe Universität Frankfurt
Frankfurt a.M.
Deutschland

ISSN 2197-6708 ISSN 2197-6716 (electronic)
essentials
ISBN 978-3-658-10326-2 ISBN 978-3-658-10327-9 (eBook)
DOI 10.1007/978-3-658-10327-9

Die Deutsche Nationalbibliothek verzeichnet diese Publikation in der Deutschen Nationalbiblio-
grafie; detaillierte bibliografische Daten sind im Internet über http://dnb.d-nb.de abrufbar.

Springer VS

Gedruckt auf säurefreiem und chlorfrei gebleichtem Papier

Springer Fachmedien Wiesbaden ist Teil der Fachverlagsgruppe Springer Science+Business Media
(www.springer.com)

Vorwort

Dem folgenden Text liegen Überlegungen zur soziologischen Analyse der Äußerungen öffentlicher Personen (z. B. von Autoren, Rednern oder Künstlern) zugrunde, die ich zuerst im Rahmen meines Buchs *Beyond the Pale: Albert Salomons Denkraum und das intellektuelle Feld im 20. Jahrhundert*, das der Verlag Springer VS im Jahr 2014 veröffentlicht hat, vorgestellt habe. Dort habe ich diese Überlegungen in den Zusammenhang einiger systematischer Klärungen zur Soziologie der Intellektuellen gestellt (S. 25–73). Da der Gegenstand des Buchs eine intellektuelle Biographie war, habe ich seinerzeit darauf verzichtet, das Verfahren, das ich zu deren Rekonstruktion angewandt habe, in seinen Einzelheiten darzustellen, und mich auf allgemeine methodologische Reflexionen beschränkt. Seither sind einige wissenschaftliche Qualifikationsarbeiten entstanden bzw. begonnen worden, deren Autor*innen mit dem Verfahren der soziologischen Konstellationsanalyse gearbeitet haben bzw. arbeiten. Die Betreuung dieser Arbeiten brachte es mit sich, dass sich mir anhand konkreter Forschungsprobleme, teilweise solcher, die anlässlich meiner Untersuchungen für das Salomon-Buch in dieser Form gar nicht aufgetaucht waren, die Frage der Einzelheiten des konstellationsanalytischen Verfahrens, d. h. seiner verschiedenen Aspekte und der Verfahrensregeln, von Neuem stellte. Vor diesem Hintergrund lege ich hier eine Präzisierung meiner Überlegungen zur soziologischen Konstellationsanalyse in methodischer Hinsicht vor. Vor dem Hintergrund des Entstehens konstellationsanalytischer Qualifikationsarbeiten ebenso wie der Nachfragen einiger Kolleginn*en in und außerhalb der Soziologie habe ich den Eindruck gewonnen, dass die Darstellung am Besten den Charakter einer Lehrschrift haben sollte; daher habe ich mich bemüht, eine solche zu verfassen. Soweit dies gelungen ist, verdankt es sich den Diskussionen, die ich darüber mit Alexandra Ivanova, Tom Kaden, Benjamin Schiffl, Andreas Schwarzferber und Jan Winkelhaus führen konnte. Janna Franke danke ich für das kompetente

Lektorat, Thomas Meyer für sein Insistieren, das Desinteresse, das gegenwärtig größere Teile meines Fachs der Geschichte des Denkens entgegenzubringen scheinen, nicht mit der Irrelevanz eines soziologischen Beitrags zu ihr zu verwechseln.

Inhaltsverzeichnis

Einleitung: Der Gegenstand der soziologischen Konstellationsanalyse

1

Die soziologische Konstellationsanalyse in der Form, die uns hier beschäftigt, steht in keinem unmittelbaren Bezug zur Methode gleichen Namens, mit der man in den Politikwissenschaften Wirkungszusammenhänge in der internationalen Politik analysiert (Meier-Walser 2010), oder zum „Brückenkonzept" gleichen Namens, mit dem man in der Innovationsforschung zu Zwecken der Wissensorganisation arbeitet (Schön et al. 2007). Eine Ähnlichkeit lässt sich hingegen mit Blick auf die philosophiehistorische Konstellationsforschung der Henrich-Schule (Mulsow und Stamm 2005) feststellen, ebenso wie mit Blick auf die neuere Literaturgeschichtsschreibung (Werle 2014, S. 11–65); wir werden bei Gelegenheit auf diese Ähnlichkeiten hinweisen. Es geht uns gleichwohl um die Darstellung eines genuin *soziologischen* Verfahrens – das allerdings für einige angrenzende Wissenschaften, sofern deren Forschungsthema eine soziologische Dimension aufweist, von Interesse sein kann; nicht zuletzt die allgemeine und die politische Ideengeschichte, aber auch die Kulturwissenschaften, die Religionswissenschaft oder die Kommunikationswissenschaft. Wir werden im Folgenden zunächst, um in unser Thema einzuleiten, den Gegenstandsbereich von Konstellationsanalysen bestimmen. Anschließend *2.)* erläutern wir zum Zweck der Systematisierung das Potential des Begriffs ,Konstellation' für die soziologische Analyse, indem wir einige grundlegende Kategorien einführen und die verschiedenen Aspekte einer Konstellationsanalyse herausarbeiten. Daraufhin *3.)* überführen wir unsere systematischen Überlegungen anhand eines ausgewählten Beispiels in die Forschungspraxis. Schließlich *4.)* skizzieren wir die Stellung der Konstellationsanalyse im Rahmen der Soziologie im Allgemeinen und der empirischen Sozialforschung im Besonderen.

© Springer Fachmedien Wiesbaden 2016

P. Gostmann, *Einführung in die soziologische Konstellationsanalyse*, essentials, DOI 10.1007/978-3-658-10327-9_1

Wenn wir gesagt haben, dass das Verfahren, dessen Darstellung die folgenden Ausführungen gelten, für einige angrenzende Wissenschaften, sofern ihr Thema eine soziologische Dimension aufweist, von Interesse sein kann, so gilt zugleich hinsichtlich der Soziologie, dass nicht jeder ihrer Gegenstände ein geeigneter Gegenstand für eine Konstellationsanalyse ist – jedenfalls nicht in dem Sinne, wie wir den Begriff im Folgenden verwenden werden. Der Gegenstandsbereich der Konstellationsanalyse, die wir behandeln werden, ist auf das Feld der *Öffentlichkeit* beschränkt. Dabei wollen wir unter ‚Öffentlichkeit' grundsätzlich einen „geistigen Verkehr" verstehen, der „Fragen" behandelt, die als „die Allgemeinheit interessierend" gelten, und in eigens diesem Verkehr zugeeigneten „sozialen Medi[en]" stattfindet (Hölscher 1984, S. 1135). Von welcher Qualität dieser Verkehr ist, wer an ihm teilzunehmen berechtigt ist, welcher Art soziale Medien verwandt werden, sind empirische Fragen, die im Einzelfall geklärt werden müssen. Das Material einer Konstellationsanalyse bildet in jedem Fall das Handeln und Zusammenhandeln von Personen, die sich wiederholt und mit einer gewissen Regelmäßigkeit öffentlich, d. h. *coram publico*, äußern. Wir werden, um diesen Personenkreis zu kennzeichnen, im Folgenden vereinfacht von den ‚öffentlichen Personen' sprechen.

Nicht Gegenstand von Konstellationsanalysen ist die ‚große Masse' der Bevölkerung, d. h. das Handeln und Zusammenhandeln von Personen, die sich nicht bzw. nicht regelmäßig bzw. nur in der Form der Paraphrase der Gedanken anderer Personen öffentlich äußern. Allerdings ist (auch) die große Masse (bzw. sind Teile ihrer) häufig die *Adressatin* von Äußerungen bzw. Rezipientin der Handlungen, die öffentliche Personen (als öffentliche Redner, Autoren, Künstler, *celebrities*, usw.) tätigen. Nicht selten ist zudem die große Masse *Objekt* von Aussagen öffentlicher Personen (als ‚die Leute'; ‚die Allgemeinheit'; ‚die Gesellschaft'; ‚das Volk'; ‚wir'; ‚man'; usw.).

> **Gegenstandsbereich der Konstellationsanalyse: der geistige Verkehr von Personen, die sich *coram publico* äußern**

Zu den Kennzeichen des Handelns und Zusammenhandelns öffentlicher Personen zählt es demnach, dass sie mit ihm Geltung im Rahmen einer größeren sozialen Einheit beanspruchen, die wir allgemein als „Verband" bezeichnen wollen: als eine „nach außen regulierend beschränkte oder geschlossene soziale Beziehung", für deren „Ordnung […] das eigens auf deren Durchführung eingestellte Verhalten bestimmter Menschen" sorgt (Weber 1976, S. 26).

In Sonderheit das Verhalten öffentlicher Personen ist auf die Ordnung von Verbänden ausgerichtet, indem sie „Klassifizierungsprinzipien" zur Anwendung bringen bzw. die „Zuschreibung von Kategorien" betreiben, um auf dieser Grundlage den Bedeutungsgehalt der gegebenen Ordnung und des Handelns ihrer Träger bzw. den Verband und dessen Mitgliedschaft vor dem Hintergrund „fundamentale[r] Ideen" (‚Freiheit'; ‚Gerechtigkeit'; ‚Toleranz'; ‚Sittlichkeit'; ‚Wachstum'; usw.) zu diskutieren (Bourdieu 2001a, S. 51, 55–56) und in dieser Form dem Urteil einer Öffentlichkeit zu überantworten.

Wenn wir das ambigue (adressierende und objektivierende) Verhältnis der öffentlichen Personen zur Masse der Bevölkerung vermerkt haben, so illustriert dies zugleich, dass das *Material* einer Konstellationsanalyse, obschon ihr Gegenstandsbereich die Öffentlichkeit ist, nicht auf die *öffentlichen* Äußerungen öffentlicher Personen begrenzt sein sollte. Denn die Ambiguität dieses Verhältnisses verweist uns darauf, dass einem Handeln und Zusammenhandeln *coram publico* eine strategische Komponente eignet, oder dass doch immerhin zu prüfen ist, ob und inwiefern dies der Fall ist. So mag man sich z. B. einen Autoren vorstellen, der in einem Aufsatz die demokratische Kultur seines Verbands herausstellt, aber in seinen Briefen oder Tagebuchnotizen als Profiteur oligarchischer Strukturen kenntlich wird. Um des präziseren Verständnisses öffentlicher Äußerungen willen interessiert daher die Konstellationsanalyse sich neben Äußerungen in Form von Reden, Vorträgen, Artikeln, Aufsätzen, Interviews usw. auch für private Äußerungen öffentlicher Personen, z. B. in Form von Briefen, Notizen, Tagebüchern.

▶ **Material der Konstellationsanalyse**
  * öffentliche Äußerungen (Reden, Vorträge, Aufsätze o. ä.)
  * private Äußerungen (Briefe, Notizen, Tagebücher o. ä.) öffentlich
    sich äußernder Personen

Mit den öffentlichen Personen bildet zwar nur ein begrenzter Ausschnitt einer Bevölkerung den Gegenstandsbereich von Konstellationsanalysen; allerdings kennzeichnet diesen Bevölkerungsausschnitt, dass er über außergewöhnliche *Gestaltungsmacht* verfügt. Öffentliche Personen sind, weil es *öffentliche* Personen sind: kraft der Reden oder Vorträge, die sie halten, der Artikel oder Aufsätze, die sie verfassen, der Interviews, die sie geben, in der Lage, bestimmten Tätigkeiten und Ansichten öffentlich höhere Weihen zu verleihen bzw. andere Tätigkeiten und Ansichten zu delegitimieren.

Weil öffentliche Personen in der Lage sind, bestimmte Tätigkeiten und Ansichten zu adeln und andere zu delegitimieren, finden sie mit ihren Gedanken, Argumenten, Vorschlägen und Forderungen Gehör bei den Personen im Verband, für die es, obschon wir sie in der Folge ‚die Mächtigen' nennen werden (die Besitzenden, die politischen Entscheider), von Bedeutung ist, dass im Verband ihre Tätigkeiten und Ansichten als Tätigkeiten und Ansichten zum Besten des Verbands gelten – solange ihre Macht nicht absolut ist. Die Konstellationsanalyse beschäftigt sich daher auch mit den Beziehungen zwischen öffentlichen Personen und den Mächtigen.

Wenn wir öffentliche Personen definiert haben durch ihr soziales Handeln *coram publico* und die besondere Gestaltungsmacht, die ihnen eignet, so können wir, mit einem Begriff Jan Assmanns, ihre soziale Stellung im Verband *abstrakt* als die von „Wissensbevollmächtigten" beschreiben, kennzeichnend für die „eine gewisse Alltagsenthobenheit und Alltagsentpflichung" ist (Assmann 2000, S. 54). Von welcher Art die Wissensvollmacht öffentlicher Personen *konkret* ist, hängt ab von dem *Regime*, in dessen Rahmen der Bevollmächtigte agiert; dabei verstehen wir unter einem ‚Regime' nicht eine Regierungsform, sondern die vorherrschende Lebensform: die Gesinnungen und Gepflogenheiten, die gemeinhin im Rahmen der Ordnung des Verbands (oder mitunter auch unter deren Oberfläche) die größte öffentliche Anerkennung erlangen (Strauss 1953, S. 136–137). So wird, grobgesprochen, die Wissensvollmacht z. B. im Fall eines religiösen Regimes eher dem Typus des Priesters bzw. des Propheten, z. B. im Fall eines hedonistischen Regimes eher dem Typus des *life coaches* bzw. des Wachstumsprognostikers zukommen.

Denkt man an die politischen Großverbände, die den europäischen Kontinent während der vergangenen Jahrhunderte geprägt haben, und an einige der Facetten ihrer Geschichte (vgl. Schulze 1994; Reinhard 1999), so zeigt sich, dass wir mit einer weiteren Differenzierung der Wissensvollmachten rechnen müssen. Denkbar ist demnach der Fall eines Verbands, dessen Regime gekennzeichnet ist dadurch, dass es der Regulation der Koexistenz von Sonderregimes (z. B. religiösen *neben* hedonistischen Regimes) gilt. In diesem Fall müssen wir von einer Mehrzahl heterogener Öffentlichkeiten ausgehen, die unterschiedliche Typen von Wissensbevollmächtigten aufweisen (hier *life coaches*, dort Propheten, usw.), aber zugleich mit bzw. im Rahmen einer allgemeinen Koexistenzregulationsexpertenschaft interagieren, z. B. in Form von Delegiertengremien oder gemäß der Weisung von als „freischwebend" geltenden Großintellektuellen (Weber 2014; Mannheim 1985, S. 134–143).

Wir können jedenfalls festhalten, dass eine Konstellationsanalyse eine Analyse des Regimes, unter dem öffentliche Personen agieren, beinhalten muss, und dass sie u. a. die Möglichkeit prüfen muss, ob und inwiefern sie unter der Maßgabe der Koexistenz von Sonderregimes agieren.

▶ **Konstellationsanalysen müssen den politischen Kontext ihrer Materialien berücksichtigen**

- den Verband, in dem öffentliche Personen agieren, und seine Ordnung

- das Regime, d. h. die im Verband anerkannten Gesinnungen und Gepflogenheiten
- das Verhältnis der öffentlichen Personen, die sich *coram publico* äußern, zu den Mächtigen

Die Konstellationsanalyse geht davon aus, dass die öffentlichen Personen, die ihren Gegenstandsbereich bilden, öffentliche Geltung nur unter der Voraussetzung entfalten können, dass sie (ohne, dass dadurch die Frage ihres Verhältnisses zu den Mächtigen an Virulenz verlöre) mit *anderen* öffentlichen Personen interagieren. Es geht darum, *auf materialer Grundlage* zu klären, *von welcher Art* diese Interaktionen sind. Der Begriff der Konstellation soll anzeigen, dass die Klärung der Interaktionsmodalitäten nicht in Form der Subsumtion gemäß eines vorgefertigten Kategorienschemas erfolgen soll, sondern in der Form der Rekonstruktion des konkreten Handelns und Zusammenhandelns der beteiligten Personen anhand empirischer Daten.

Im Folgenden werden wir näher auf den Begriff der Konstellation eingehen und mithin auf die Frage, warum dieser Begriff geeignet ist, eine *rekonstruktive* Verfahrenslogik im genannten Sinn anzuzeigen bzw. anzuleiten. Zuvor wollen wir uns anhand eines ausgewählten Fallbeispiels verdeutlichen, warum eigentlich wir davon ausgehen, dass die Geltung öffentlicher Personen ihre Interaktion mit *anderen* öffentlichen Personen voraussetzt, und was es heißt, wenn wir sagen, es gehe darum, auf materialer Grundlage zu rekonstruieren, von welcher Art diese Interaktion ist. Indem wir diesen exemplarischen Fall diskutieren, soll zudem deutlich werden, warum die Modalitäten der Interaktion öffentlicher Personen in der Form einer Subsumtion *nicht* hinreichend erfasst werden könnten; in diesem Zusammenhang werden wir uns überdies erste Hinweise zur Verfahrensweise der Konstellationsanalyse, der wir uns im Detail in den anschließenden Kapiteln widmen werden, erarbeiten.

Exemplifikation: Interaktion und Geltung öffentlicher Personen
Unser Beispiel ist der Fall eines charismatischen Wanderpredigers; wir wählen es, weil man dem ersten Anschein nach meinen könnte, dass dieser Fall die Annahme, die Geltung einer öffentlichen Person setze ihre Interaktion mit anderen öffentlichen Personen voraus, widerlege. Man könnte dies meinen, da z. B. im Fall der Jesus-Bewegung, dem Musterbeispiel einer „Vergemeinschaftung in der Gemeinde", die der „persönlichen Hingebung" an einen „Führer" sich verdankt, welcher nicht auf eine „gesatzte Stellung oder traditionale Würde" sich beruft, sondern in Form der „[a]ktuelle[n] Offenbarung oder aktuelle[n] Schöpfung, Tat und Beispiel, Entscheidung von Fall zu Fall" wirkt, wir anscheinend es mit einer öffentlichen Person

zu tun zu haben, die in einem Ausschnitt der ‚großen Masse' Geltung entfalten („Jünger" werben) kann, gerade weil sie *nicht* mit anderen öffentlichen Personen interagiert (Weber 1968a, S. 481–482).

Allein, bei näherem Hinsehen wird man bemerken, dass die öffentlichen Äußerungen Jesu durchaus nicht ‚für sich' stehen, sondern eine spezifische Form der Fortschreibung der rabbinischen Tradition, mithin von öffentlichen Äußerungen *anderer* öffentlicher Personen, darstellen – sowohl hinsichtlich des „Predigt- und Argumentationsstil[s]", wie hinsichtlich seiner „Gleichnisse" und „Bildersprache"; sowohl mit Blick auf seine „Toradeutung", wie auch mit Blick auf seine „Haltung zum Gesetz" (Homolka 2010, S. 18–19). Ja, *dass* es Jesu Jüngerschaft überhaupt möglich wurde, seine Äußerungen und Handlungen nachzuvollziehen und im Ergebnis ihn als mit bestimmten „Gnadengaben" (Weber 1968a, S. 481) versehenen Wissensbevollmächtigten zu behandeln, hat seinen Grund darin, dass er anknüpfte an die öffentlichen Äußerungen bestimmter *anderer* Personen, nämlich anhand deren für sie als „Rabbi" bzw. „Rabbuni" identifizierbar war (Homolka 2010, S. 18).

Wir können also schließen, dass selbst noch die Geltung einer solchen öffentlichen Person, die, wie z. B. Jesus, den Eindruck einer „persönliche[n] charismatische[n] Qualifikation" erweckt, welche es ihr gestattet, zum Zwecke einer „Neuschaffung" in großer Autonomie zu wirken (Weber 1968a, S. 482), *nicht* adäquat verstanden wäre, wenn man sich darauf beschränkte, die Handlungen dieser Person in der Form der Subsumtion einem vorgefertigten Kategorienschema (z. B.: legal – traditional – charismatisch) zuzueignen. Im Gegenteil muss es offensichtlich darum gehen, das Material, das für den Nachvollzug dieser Handlungen herangezogen wird, als Ausdruck von etwas seitens des Handelnden „Erkanntem", d. h. als Ausdruck einer „kommunikativ erfahrenen Welt", zu analysieren (Gadamer 1974, S. 1071) – z. B. Jesu Stil, Sprache, Deutungshandeln und Haltung zu analysieren als Ausdruck der kommunikativen Erfahrung der Welt des seinerzeitigen „Pharisäismus" bzw. „galiläischen Chassidismus" (Homolka 2010, S. 20–21). Denn erst auf diese Weise kann dem Analytiker das *tatsächlich* ‚neugeschaffene' Element, das dieses Handelns kennzeichnet – etwa im Fall Jesu: die „Weisung" (Weber 1968a, S. 482), dass der „Glaube" als rettende „Kraft [...] dem Wunder vorausgeht" (Dahlheim 2013, S. 64–65) – erkenntlich werden.

Um die *kommunikative Erfahrung* von Welt, die in einem Text (Rede, Vortrag, Artikel, Aufsatz, Interview; Brief, Notiz, Tagebuch) ihren materialen Ausdruck gefunden hat, angemessen nachvollziehen zu können, muss also sichergestellt werden, dass die Auseinandersetzung mit ihm in hinreichender Gründlichkeit erfolgt – wir werden im folgenden Kapitel ausführlicher auf diesen Aspekt zurückkommen. Als *Maß der analytischen Gründlichkeit* können wir anhand unseres Fallbeispiels immerhin bereits die *Fertigkeit, anhand eines Textes (seines Argumentationsstils, der verwandten Sprachbilder, usw.) mit guten Gründen auf dessen sozialen Kontext (andere öffentliche Personen und Personenkreise) schließen zu können,* identifizieren.

Unser Fallbeispiel zeigt allerdings zum anderen, dass die Geltung einer öffentlichen Person nicht adäquat verstanden wäre, wenn wir ihr Handeln Kategorien subsumierten, die wir aus einer vorauseilenden Kontextanalyse gewonnen haben. Denn trotz der kommunikativen Erfahrung der Welt des Pharisäismus bzw. des galiläischen Chassidismus agierte Jesus eben nicht so, wie jeder andere Pharisäer oder wie jeder galiläische Chassid seinerzeit agierte. Vielmehr *ist das Handeln einer öffentlichen Person zu verstehen als eigensinnige Verknüpfung vielfältiger, in Interaktion mit verschiedenen Personen und Personenkreisen gewonnener Erfahrungsgehalte.*

Sicher entstammen maßgebliche der Elemente, die dabei eine Rolle spielen, der Welt der *Institutionen,* wie sie in unserem Beispiel durch die Begriffe ‚Pharisäismus' und ‚galiläischer Chassidismus' zum Ausdruck kommen. Wenn wir davon gesprochen haben, dass die soziale Stellung öffentlicher Personen die von *Wissensbevollmächtigten* ist, so können wir sagen: Das kommunikative Anknüpfen an die Welt der Institutionen (in Stil, Sprache, Deutungshandeln, Haltung) ist der *formale* Ausweis dessen, dass jemand als bevollmächtigt, *coram publico* zu agieren, gelten darf. Um aber näherhin die Konkretion eines Handelns nachzuvollziehen, müssen überdies die *informellen* kommunikativen Erfahrungen des Handelnden (familiale Sozialisation, Freundschaften, Bündnisse, usw.) in die Analyse einbezogen werden.

▶ **Die Konstellationsanalyse versteht das Handeln von Personen, die sich *coram publico* äußern, als eigensinnige Verknüpfung vielfältiger, in fortgesetzter Interaktion mit verschiedenen anderen Personen, Personenkreisen und Institutionen gewonnener Erfahrungsgehalte.**

Daher ist im Sinn der Konstellationsanalyse eine Handlung *coram publico* (eine Rede, ein Aufsatz, usw.) die *vorerst letzte* (d. h. für die Zukunft Geltung beanspruchende) *Antwort,* die der Handelnde gibt auf *a)* die *allgemeine* Frage der Ordnung des Verbandes; vor dem Hintergrund *b)* einer *konkreten* Frage hinsichtlich des gegenwärtigen Regimes; und auf der Grundlage *c)* der Serie von kommunikativen Erfahrungen von Welt, die er bis zu diesem Punkt vollzogen (d. h. zu allgemeinen und konkreten Fragen verdichtet und möglicherweise bereits in Form von Antworten bearbeitet) hat. Eine Handlung *coram publico* zu analysieren bedeutet daher, sie als Teil einer solchen Serie von kommunikativen Erfahrungen und deren Vollzugs zu rekonstruieren. – Warum nun ist gerade der Begriff der Konstellation geeignet, eine *rekonstruktive* Verfahrenslogik in diesem Sinn anzuzeigen bzw. anzuleiten? Wir werden diese Frage im Folgenden beantworten, indem wir das analytische Potential des Begriffs ‚Konstellation' einer genaueren Betrachtung unterziehen.

Systematisierung: Das analytische Potential des Begriffs ,Konstellation' 2

In der Soziologie kennt man den Begriff der Konstellation seit längerem. Nicht zuletzt Max Weber verwandte ihn in bemerkenswerter Extension (Wagner und Härpfer 2015, S. 179–180). Die systematische Bedeutung des Begriffs lässt sich am ehesten auf Grundlage von Webers Objektivitäts-Aufsatz (Weber 1968b) erschließen. Hier hatte er den Begriff der Konstellation zunächst in seiner ursprünglichen Bedeutung im Feld der Astronomie eingeführt, um zu erläutern, dass das Erkenntnisinteresse einer Soziologie, die *„Wirklichkeitswissenschaft"* sein will (ebd., S. 170–171), ihren Gegenstand, das „Kulturleben", zuerst „in seinem [...] *individuell* gestalteten Zusammenhange und in seinem Gewordensein aus anderen [...] individuell gearteten [...] Kulturzuständen heraus" analysieren müsse – so wie auch Astronomen die „Wirklichkeit" der Stellung von Planeten zueinander zuerst mit Blick auf die *„individuell* gestaltete *Konstellation"* und „als Folge einer anderen gleich individuellen ihr vorhergehenden" in Betracht zögen (ebd., S. 172–173).

Im weiteren Textverlauf übertrug Weber den Begriff der Konstellation in metaphorischer Rede auf „Kulturerscheinung[en]"; er führte aus, in einer solchen *„Konstellation"* würden sich bestimmte „,Faktoren'", von denen man vorerst allerdings nur „hypothetisch" sprechen könne, „gruppier[en]" (ebd., S. 174). Als eine „Aufgabe" der Forschung könne demnach die „Analyse und ordnende Darstellung der jeweils historisch gegebenen, individuellen Gruppierung jener ,Faktoren' und ihres dadurch bedingten konkreten, in seiner Art *bedeutsamen* Zusammenwirkens" gelten; als eine weitere Aufgabe nannte er „die Zurückverfolgung der einzelnen, für die *Gegenwart* bedeutsamen, individuellen Eigentümlichkeiten dieser Gruppierungen in ihrem Gewordensein [...] und ihre historische Erklärung aus früheren, wiederum individuellen Konstellationen" (ebd., S. 174–175).

Weber wollte das Wort von der konstellativen Gruppierung von Faktoren und den Gedanken des Gewordenseins von Konstellationen aus früheren Konstellationen explizit *nicht* verstanden wissen als Hinweis auf die Möglichkeit der

© Springer Fachmedien Wiesbaden 2016
P. Gostmann, *Einführung in die soziologische Konstellationsanalyse,* essentials,
DOI 10.1007/978-3-658-10327-9_2

„Erkenntnis von *Gesetzen*", wie sie „die exakte Naturwissenschaft" anstrebt (ebd., S. 172, 179); um nicht missverstanden zu werden, setzte er den naturwissenschaftlichen Begriff ‚Faktoren‘ in Anführungszeichen und hob hervor, dass dieser Begriff, bezogen auf Kulturerscheinungen, ohnehin lediglich hypothetisch anwendbar sei. Statt einer „Reduktion des Empirischen auf ‚Gesetze‘", da auf diese Weise die wirklichkeitswissenschaftliche Soziologie „von der Fülle der Wirklichkeit" abgelenkt werde (ebd., S. 180), sollte sie „nach konkreten kausalen *Zusammenhängen*" fragen, aufgrund derer eine individuelle „Erscheinung" anderen „als Ergebnis zuzurechnen ist" (ebd., S. 178).

Weber selbst hat dieses Unternehmen nicht am Leitfaden des Begriffs der Konstellation weiterverfolgt; gleichwohl verwandte er ihn auch weiterhin zur Kennzeichnung individuell gestalteter Kulturzustände. Es blieb dabei, dass der Begriff eintrat, um die Unsinnigkeit einer Reduktion des Empirischen auf Gesetze zu signieren. So z. B., um den „amorph[en]" Charakter von „Macht" zu unterstreichen (Weber 1976, S. 28–29); oder um zu zeigen, dass „Geldpreise" nicht zuerst sachliche „Rechnungsmittel" sind, sondern vielmehr sich aus einem „Markt*kampf*" ergeben (ebd., S. 58); um den „irrational[en]" Charakter einer „Orientierung an Erwerbschancen [...] durch [...] Spekulation" bzw. „durch berufsmäßige Kreditgewährung [...] für Konsumzwecke" hervorzuheben (ebd., S. 97, 95); oder um den latenten Einfluss „materieller Interessen" auf die „Rechtsbildung" zu verdeutlichen (ebd., S. 196); um die Sonderheit der Entwicklung des „mit den mosaischen Sozialgesetzen verknüpfte[n] Jahvekult[s]" zur „eigentlich ethischen Religion" zu erläutern (ebd., S. 285–286); oder um die Möglichkeit des Eindringens sachlich unbegründeter, „politischer Maßstäbe" in amtliche Vorgänge unter dem preußischen bzw. englischen „Regime" zu illustrieren (ebd., S. 833).

Die an Weber anschließende Soziologie hat, wenn sie von Konstellationen sprach, den Begriffsgebrauch Webers beibehalten, d. h. den Begriff verwandt, um die Unsinnigkeit einer Reduktion des Empirischen auf Gesetze anzuzeigen. So stellte M. Rainer Lepsius, als er 1993 einige ausgewählte Studien, die in einem Zeitraum von beinahe drei Jahrzehnten entstanden waren, gekennzeichnet als „[s]oziologisch-historische Konstellationsanalysen" wiederveröffentlichte (Lepsius 1993), diesen den programmatischen Gedankengang voran, dass von einem Zusammenhang zwischen „politische[r] Ordnung" und „Sozialstruktur" nur unter der Voraussetzung gesprochen werden könne, dass die „[k]ulturellen Orientierungen", die zwischen ihnen „vermitteln", berücksichtigt werden; dabei sei von „erhebliche[n] Freiheitsgrade[n]" auszugehen, die einerseits „durch Personen und Gruppen, Verbände und Institutionen ausgefüllt" würden, andererseits durch die „Dynamik", die „eine Ereigniskette" entfalte, bzw. durch „die unbeabsichtigten Konsequenzen von Entscheidungen, die Manipulierbarkeit des Glaubens an die

Legitimität einer politischen Herrschaft" (ebd., S. 7). Öffentliche Personen in unserem Sinn spielen, da sie (und je nach dem Maß, in dem sie) über außergewöhnliche Gestaltungsmacht verfügen, für die Formulierung und den vermittelnden Einsatz solcher kulturellen Orientierungen eine besonders gewichtige Rolle.

Ebenso wenig wie Weber hat Lepsius das analytische Potential des Begriffs der Konstellation systematisch durchbuchstabiert. Wir werden im Folgenden versuchen, dies zu leisten. Dazu nehmen wir uns zunächst ein Fallbeispiel vor. Wir wollen uns einen ersten Eindruck des analytische Potentials des Begriffs der Konstellation verschaffen, indem wir einen Blick in die Textpassage werfen, der er seinen Eingang in den europäischen Bildungskanon maßgeblich verdankt: dem Auftakt des ersten Buchs von *Dichtung und Wahrheit* (Goethe 1994a). Zwar findet der Begriff hier nicht zum Zwecke einer wissenschaftlichen Aussage, sondern in symbolischer Rede Verwendung; auch wird er nicht in Sonderheit (wie es unser Anspruch ist) auf öffentliche Personen angewandt. Aber er legt, wie wir sehen werden, bereits die *Denkoperation* nahe, die mit dem soziologischen Konstellations-Begriff verbunden ist. Uns ermöglicht die Beschäftigung mit ihm überdies, einige weitere Hinweise zur Verfahrenslogik zu geben und so deren weitergehende Erläuterung im folgenden Kapitel vorzubereiten.

Exemplifikation: Die konstellationsanalytische Denkoperation
Goethe schreibt mit Bezug auf seine Geburt „[a]m 28. August 1749, mittags mit dem Glockenschlage zwölf": „Die Konstellation war glücklich; die Sonne stand im Zeichen der Jungfrau, und kulminierte für den Tag; Jupiter und Venus blickten sie freundlich an, Merkur nicht widerwärtig; Saturn und Mars verhielten sich gleichgültig: nur der Mond, der soeben voll ward, übte die Kraft seines Gegenscheins um so mehr, als zugleich seine Planetenstunde eingetreten war" (Goethe 1994a, S. 10).

Das Bild der *glücklichen* astronomischen Konstellation, in die Goethes Geburt fällt, symbolisiert den Gedanken, dass, wenn nur die Perspektive weit genug gewählt wird, jedes einzelne Ereignis eines Menschenlebens, selbst das Geborenwerden, den Menschen ausweist als Element einer umfassenderen Ordnung, welches, wie ,losgelöst' auch er zu agieren meint und wie ,zufällig' ein Geschehen seinem Tun und Denken eine Richtung zu verleihen scheint, doch immer bereits eine „[g]eprägte Form" hat, „die lebend sich entwickelt" (Goethe 1994b, S. 359).

Interessant für unser Thema ist nun, dass Goethe in der weiteren Darstellung die *astronomische* Konstellation, in deren Rahmen freilich *alles mit allem* zusammenzuhängen scheint, mit einer konkreten *sozialen* Konstellation zusammenführt, hinsichtlich der sich beschrieben lässt, *welche kommunikativen Erfahrungen mit welchen anderen kommunikativen Erfahrungen* zusammenhängen. Das Glück, das er der astronomischen Konstellation des 28. August 1749 einschreibt, ist zunächst das der „Erhaltung" des Neugeborenen trotz einer „Ungeschicklichkeit der Hebamme"; und es ist weiterhin das der „Mitbürger" des Neugeborenen, da dessen Großvater „der Schultheiß Johann Wolfgang Textor" ist, der die „große Not", die der Familie die vermeintliche Todgeburt bereitete, zum „Anlaß nahm, daß ein Geburtshelfer angestellt, und der Hebammenunterricht eingeführt und erneuert wurde; welches denn manchem der Nachgebornen mag zugute gekommen sein" (Goethe 1994a, S. 10).

Das Glück der „Erhaltung" des jungen Goethe, das die astronomische Konstellation symbolisiert, kennzeichnet demnach, wie wir im Folgenden zeigen werden, ein *Ereignis, das eine Sequenz* in verschiedenen *Serien* von Handlungen darstellt, an denen unterschiedliche Personen bzw. Personengruppen beteiligt sind. Unmittelbar beteiligt an *diesem* Ereignis: dem Geburtsvorgang bis zum Feststehen der erfolgreichen Erhaltung, ist nur ein begrenzter Kreis von Personen; jedenfalls die ungeschickte Hebamme und mindestens einige der in „Not" versetzten Familienmitglieder, möglicherweise eine medizinische Expertenschaft. Aber wenn wir dieses Ereignis als Sequenz in einer Serie (oder genauer: mehreren Serien) von Handlungen betrachten, so erweitert sich, wie wir gleich sehen werden, der Kreis maßgeblich, bis hin zu den Mitbürgern in späteren Zeiten, denen Textors wohlfahrtspolitische Initiative zugute kommt – und zwar gemäß der Verdichtungen kommunikativer Erfahrungen, an denen die *unmittelbar* Beteiligten, gemeinsam oder unabhängig voneinander, *mittelbar* teilhaben.

Diese Feststellung ist über das Szenario der Geburt Goethes eingangs von *Dichtung und Wahrheit* hinaus wichtig für das allgemeine Verständnis der Denkoperation, die wir mit dem Konstellations-Begriff verbinden. Sehen wir also genauer hin: Welche Serien von Handlungen können wir identifizieren, wenn wir die kommunikativen Erfahrungen der Personen, die beteiligt sind an der Sequenz vom Geburtsvorgang bis zum Feststehen der erfolgreichen Erhaltung, in Betracht ziehen? – Wir werden diese Frage im Folgenden nicht vollständig beantworten; es sollte allerdings deutlich werden, was es bedeutet, anhand einzelner Ereignissequenzen Serien von Handlungen zu bestimmen und auf Grundlage dieser Serien Konstellationen zu rekonstruieren.

▶ **Grundbegriffe der Konstellationsanalyse**

- Ein *Ereignis* ist eine *Sequenz* innerhalb einer *sozialen Serie* (bzw. mehrerer sozialer Serien).
- Eine *soziale Serie ist formal* definiert durch die an ihr beteiligten Personen bzw. Personengruppen; d. h. sie unterscheidet sich von *anderen* sozialen Serien, insofern die Zusammensetzung der beteiligten Personen(-gruppen) unterschiedlich ist.

Eine erste Serie von Handlungen *(1), die* wir identifizieren können, wollen wir die *Zeugungsgemeinschaft* (Goethes Eltern) nennen, insofern die Sequenz der Geburt (und Erhaltung) die Sequenz der Zeugung notwendig voraussetzt (wobei diese Serie nicht durch die Sequenzen der Zeugung und der Geburt begrenzt ist). Die Zeugungsgemeinschaft ist auf zwei Elemente begrenzt, insofern diese beiden eine Serie der kommunikativen Erfahrung von Welt miteinander teilen (Zeiten der ‚Zweisamkeit'), an der keine sonstigen Elemente beteiligt sind.

Daneben steht *(2)* eine Serie von Handlungen, die wir als *Geburtsgemeinschaft* bezeichnen wollen, insofern sie diejenigen umfasst, die unmittelbar an deren Ablauf beteiligt sind; möglicherweise ist dieser Kreis begrenzt (nähere Auskünfte liegen uns nicht vor) auf Goethes Mutter und die Hebamme. Jedenfalls aber lautet die Regel für die Bestimmung der Geburtsgemeinschaft (analog zum Fall der Bestimmung der Zeugungsgemeinschaft): Ihre Elemente teilen kommunikative Erfahrungen miteinander, an denen keine sonstigen Elemente beteiligt sind.

Wenn wir nun feststellen können, dass ab einem bestimmten Zeitpunkt, nämlich dem, da die Erhaltung des Neugeborenen sich als fraglich erweist, die Geburtsgemeinschaft sich erweitert um einige Mitglieder der Familie Goethe und eine medizinische Expertenschaft, so bedeutet dies, dass eine weitere Serie *(3)* entsteht, die wir als *Notgemeinschaft* bezeichnen wollen; denn gemeinsame kommunikative Erfahrungen, die einzelne ihrer Elemente miteinander teilen mögen, können nicht ‚bruchlos' in den größeren Kreis eingeführt werden, sondern müssen gemäß dessen Zusammensetzung und Belangen übersetzt bzw. neu verhandelt werden.

Die Elemente der Notgemeinschaft sind zwar teilweise dieselben Elemente, die in einer weiteren Serie *(4)*, der des *Familienverbands* interagieren; aber dadurch, dass die Notgemeinschaft weitere Elemente integriert und überdies im Zentrum der Kommunikation die Erhaltung des Neugeborenen steht, gilt wiederum, dass die Elemente des Familienverbands gemeinsame kommunikative Erfahrungen nicht ‚bruchlos' in die Notgemeinschaft übernehmen können.

Sicher ließe sich die Serie, die wir vereinfacht als die des Familienverbands gekennzeichnet haben, weiter detaillieren. Wir wollen stattdessen unser Augenmerk darauf richten, dass eines der Elemente des Familienverbands, das als solches in die Notgemeinschaft eingeht, die sich in Folge der Ungeschicklichkeit der Hebamme bildet, zugleich ein maßgebliches Element in einer weiteren Serie *(5)* ist, die wir als die des *Stadtverbands* bezeichnen wollen: Großvater Textor, der zugleich als Schultheiß Frankfurts amtiert. Genauer können wir (wenigstens, wenn wir Goethes retrospektiver Darstellung Glauben schenken) feststellen, dass die Serie der Verwaltungsakte, die der Stadtverband vollzieht, im Nachgang der Geburtssequenz ein Narrativ integriert, das ihm zuvor nicht zukam: die Professionalisierung der Geburtshilfe – und dies deswegen, weil Textor als amtierender Schultheiß, dessen Amt man zuvor, im Zuge stadtverbandlicher Handlungsvollzüge, mit einer gewissen Kompetenz in Fragen der Rechts- und Wohlfahrtspflege ausgestattet hatte, als Element des Familienverbands auch Element der Notgemeinschaft, zu der die ursprüngliche Geburtsgemeinschaft sich erweitert hatte, war.

Die Konstellationsanalyse in unserem Sinn wird sich allerdings nicht damit begnügen, dies Ineinandergreifen verschiedener Serien von Handlungen gemäß der Sozialgestalt der an ihnen Beteiligten lediglich zu *konstatieren*. Im Gegenteil geht sie davon aus, dass *a)* Textors Entschluss, die kommunikative Erfahrung, an der er im Zuge des schwierigen Geburtsvorgangs teilhat, gleichsam zu verallgemeinern, d. h. als etwas zu behandeln, das die gesamte Bürgerschaft angeht, und *b)* seine Entscheidung, den Vorgang der Verallgemeinerung in Form der Einleitung eines Professionalisierungsprozesses zu betreiben, nicht *mit Notwendigkeit* so und nicht anders ausfallen. Sondern Textors Entschluss vollzieht in der Form praktischer Politik *(6)* eine Serie *ihm zuhandener kategorialer Qualifikationen fundamentaler Ideen* nach.

Wir wollen an dieser Stelle nicht im Detail überprüfen, was genau Textor seinerzeit zuhanden war, und begnügen uns mit der allgemeinen Feststellung: Der Vollzug *a)* einer bürgerschaftlichen Verallgemeinerung eigener familienverbandlicher Nöte schließt an Serien intellektueller Akte an, die z. B. die Konzeptualisierung einer ‚Amtspflicht' beinhalten, eine Bestimmung des Verhältnisses von ‚privat' und ‚öffentlich', einen Begriff von ‚Gerechtigkeit', einen Begriff dessen, ‚was Menschen zukommt'; der Vollzug dieser Verallgemeinerung *b)* in Form der Einleitung eines Professionalisierungsprozesses schließt an Serien intellektueller Akte an, die z. B. ein bestimmtes Wissen über den menschlichen Körper, eine Vorstellung von Wissensentwicklung, eine Vorstellung von Rationalisierungsprozessen und ihres Zusammenhangs mit didaktischen Konzepten beinhalten.

Der konkrete, d. h. empirisch präzise Nachvollzug der Serien intellektueller Akte, die eingehen in eine politische Praxis wie z. B. die Entscheidung des Schultheiß Textor, einen Geburtshelfer anzustellen und eine Hebammenausbildung einzuführen, ist (z. B. auf der materialen Grundlage der Bibliothek des Protagonisten, seiner Briefwechsel, Notizen, etc.) ein möglicher Gegenstand für eine Konstellationsanalyse. Wir haben uns allerdings nicht, um eine solche zu beginnen, sondern nur zu Zwecken der Illustration mit diesem Fall beschäftigt, um auf seiner Grundlage einige systematische Einsichten zu gewinnen. – Was können wir also im Ergebnis unseres Exkurses zur Erhaltung des neugeborenen Goethe in konstellationsanalytischer Hinsicht, d. h. wenn wir ihn übertragen auf das Handeln und Zusammenhandeln öffentlicher Personen, festhalten?

1.) Wir halten fest, dass eine einzelne Sequenz des Handelns bzw. Zusammenhandelns öffentlicher Personen als Teil mindestens einer Serie, in aller Regel mehrerer Serien von Handeln und Zusammenhandeln zu verstehen ist. Diese verschiedenen sozialen Serien unterscheiden sich *formal* dadurch, dass sie sich aus unterschiedlichen *Elementen* (Handelnden) zusammensetzen, da die kommunikativen Erfahrungen, die die Elemente miteinander teilen, unterschiedlich sind. So wird die Kommunikation zwischen einer *Person A* und einer *Person B* (*Serie 1*) nicht bruchlos fortgesetzt werden, wenn eine *Person C* hinzukommt (*Serie 2*) – auch dann nicht, wenn *Person A* und *Person C* bereits eine gemeinsame kommunikative Erfahrung teilen (*Serie 3*) und dies auch für *Person B* und *Person C* (*Serie 4*) gilt; und selbst dann nicht, wenn der Gegenstand, über den kommuniziert wird, je derselbe ist; und zumal nicht, wenn jede der *Personen A, B, und C* überdies *coram publico* agiert, d. h. je für sich Produzent einer Serie öffentlicher Äußerungen (*Serien 5, 6, 7*) ist.

Zu den grundlegenden Aufgaben einer Konstellationsanalyse zählt es demnach, ausgehend von definierbaren Sequenzen des Handelns und Zusammenhandelns öffentlicher Personen möglichst präzise und vollständig die kommunikativen Serien (im Beispiel: Zeugungsgemeinschaft, Notgemeinschaft, Stadtverband, usw.), die in ihr zusammenlaufen, zu identifizieren. Wir sprechen in diesem Zusammenhang von der Aufgabe der *Identifikation der Ereigniskonstellation*.

▶ **Erster Aspekt der Konstellationsanalyse: Identifikation der Ereigniskonstellation**
- Welche Personen sind beteiligt?
- Welche Personen sind Gegenstand der Kommunikation?
- Welche sozialen (kommunikativen) Serien lassen sich identifizieren?

2.) Wir halten weiterhin fest, dass wir eine Sequenz, indem wir die in ihr zusammenlaufenden kommunikativen Serien formal identifiziert haben, zugleich als einen *Ausschnitt mehrerer ihr vorhergegangener und später sich fortsetzender Sequenzfolgen* identifiziert haben. Um also das Selbstverständnis der einzelnen Personen, die an einer solchen Sequenz beteiligt sind, adäquat nachzuvollziehen, darf man die Analyse nicht auf die Analyse ihres Agierens in *dieser* Sequenz begrenzen. Vielmehr muss man ihr *Agieren in einer spezifischen Sequenz analysieren als das Agieren von Personen, die Elemente multipler sozialer Serien sind*: eine *Person A* bildet eine Serie exklusiv mit *Person B*, eine weitere exklusiv mit *Person C*, zudem eine mit *Person B und Person C*, überdies eine Serie *coram publico*, usw.

Die Voraussetzung, um eine Person als Element multipler sozialer Serien analysieren zu können, ist die Analyse *des sinnhaften Gehalts der kommunikativen Erfahrung, die die einzelnen Serien kennzeichnet, je für sich*. Wir gehen davon aus, dass jede einzelne Serie durch einen spezifischen Sinngehalt gekennzeichnet ist, der einer sequentiellen Entwicklung unterliegt: Die gemeinsame kommunikative Erfahrung, die *Person A* und *Person B* in einer *Sequenz a* gemacht haben, ist das Ausgangsmaterial einer *Sequenz b*, die Verdichtung dieser kommunikativen Erfahrung in der *Sequenz b* ist das Ausgangsmaterial einer *Sequenz c*, usw.

Zu den Aufgaben einer Konstellationsanalyse zählt es demnach, auf materialer Grundlage die sequentielle Ordnung der verschiedenen, zuvor identifizierten kommunikativen Serien und die Entwicklung deren spezifischen Sinngehalts *je für sich* zu bestimmen (im Beispiel: Mutter und Vater Goethes kommunikative Verdichtung ihrer Zeugungsgemeinschaft; die Rollenverteilung in der Notgemeinschaft; die Prozesse der Entscheidungsfindung im Stadtverband; o. ä.). Wir sprechen in diesem Zusammenhang von der Aufgabe der *Beschreibung der seriellen Verdichtung kommunikativer Erfahrungen* bzw. von der *Analyse einer seriellen Konstellation*.

▶ **Zweiter Aspekt der Konstellationsanalyse: Beschreibung der seriellen Verdichtung kommunikativer Erfahrungen (bzw. Analyse einer seriellen Konstellation)**

- Worum geht es innerhalb der verschiedenen sozialen Serien, die identifiziert wurden, je für sich?
- Wie werden die Übergänge zwischen den (zeitlich auseinanderliegenden) Sequenzen einer sozialen Serie kommunikativ organisiert?

3.) Da öffentliche Personen als Elemente multipler sozialer Serien analysiert werden sollen, leistet die Beschreibung der seriellen Verdichtung kommunikativer Erfahrungen einen wichtigen Beitrag zur Systematisierung des Materials; aber die Arbeit am Material erschöpft sich nicht in ihr. Denn diese Person agiert zwar immer als Element in einer konkreten sozialen Serie; aber sie tut dies, indem sie, wie wir weiterhin festhalten, ein Element mehrerer Serien ist: *Person A* agiert in einer *Serie 2*, nachdem sie zuvor in einer *Serie 1* agiert hat und bevor sie in einer *Serie 3* agieren wird, usw. *Daher sind die kommunikativen Erfahrungen, die eine öffentliche Person im Laufe ihrer Biographie durchläuft, nicht identisch mit den kommunikativen Erfahrungen, die sich im Zuge der Handlungsserien, an denen sie teilhat, verdichten*: Sie lassen sich nicht als deren Summe, als deren allgemeine Tendenz o. ä. beschreiben.

So bringt eine Person in jede Sequenz einer sozialen Serie, an der sie teilhat, *a)* die kommunikativen Erfahrungen ein, die sie selbst seit der letzten Sequenz *dieser* Serie gemacht hat, und zudem das Wissen um die eigenen Wissensdefizite, die ihr *zwischen* zwei Sequenzen einer Serie entstanden sind: *b)* das Wissen, dass alle anderen Elemente der Serie in dieser Zeit ebenfalls (ihr mindestens teilweise nicht bekannte) kommunikative Erfahrungen gemacht haben; und *c)* das Wissen, dass alle anderen Elemente der Serie wissen, dass sie ihrerseits in dieser Zeit kommunikative Erfahrungen (die ihnen teilweise bekannt sein könnten) gemacht hat.

Zum Zwecke der seriellen Verdichtung kommunikativer Erfahrungen ist dieses Wissen um die eigenen Wissensdefizite von grundlegender Bedeutung. Es dient den Beteiligten als Voraussetzung, um gemeinsam einen *Übergang* zwischen den kommunikativen Erfahrungen, die sich in einer zurückliegenden *Sequenz a* verdichtet hatten, in eine aktuelle *Sequenz b* zu organisieren. Mit Fokus nicht auf die Serie, sondern auf eine einzelne an dieser Serie beteiligte *Person A*, bedeutet allerdings der Übergang zwischen *a* und *b*, dessen Organisation sie *als Element dieser Serie* gemeinsam mit einer *Person B* unternimmt, nicht einen Übergang, sondern einen *Bruch*. Denn diese Person hat zuvor als Element einer *Serie 1* gemeinsam mit einer *Person C* einen Übergang zwischen *1/a* und *1/b* organisiert, der dem sinnhaften Gehalt nach einen Widerspruch zu dem bildet, was sie nun gemeinsam mit *Person B* in der Verdichtung von *2/a* zu *2/b* verhandelt.

Wenn wir den Fokus auf die einzelne Person richten, beobachten wir demnach eine Organisation der Brüche zwischen verschiedenen sozialen Serien, die einhergeht mit der Organisation des Übergangs zwischen seriellen Sequenzen: Was mit Fokus auf eine Serie 1 beschrieben werden kann als eine Sequenzfolge:

$$1/a \rightarrow 1/b \rightarrow 1/c \rightarrow,$$

kann mit Blick auf eine *Person A* beschrieben werden als eine komplexere, den Durchlauf unterschiedlicher Serien spiegelnde Sequenzfolge, z. B.:

$$1/a \rightarrow 2/a \rightarrow 3a \rightarrow 2/b \rightarrow 1/b \rightarrow 2/c \rightarrow 4/a \rightarrow 3/b \rightarrow 1/c \text{ usw.}$$

Man kann sich diesen Gedankengang, der möglicherweise komplizierter erscheint, als er es ist, sehr einfach verdeutlichen, indem man sich Konstellationsanalytiker als einen Zusammenschluss von Dokumentarfilmern vorstellt, die arbeitsteilig Aufzeichnungen über eine bestimmte Gruppe sammeln. Dabei ist es die Aufgabe eines der Dokumentarfilmer, nur die Treffen der Gesamtgruppe aufzuzeichnen und sie anschließend zusammenzuschneiden. Ein anderer dagegen folgt einem der Mitglieder der Gruppe auf Schritt und Tritt, um dieser Person gleichsam ‚über die Schulter‘ zu filmen, so dass sein Material zwar auch (und zwar aus einer spezifischen Perspektive) die Treffen jener Gruppe umfasst, aber diese im Wechsel mit all den anderen Begegnungen, die die Person durchläuft, dokumentiert. Ein weiterer Dokumentarfilmer hat die Aufgabe, in vergleichbarer Weise einem anderen der Mitglieder der Gruppe ‚über die Schulter‘ zu filmen, usw. Wenn nun die Dokumentarfilmer ihr gesamtes Material zusammenführen, so ermöglichen ihnen die

Dokumentationen über die einzelnen Mitglieder die Explikation der realen Komplexität des Gruppengeschehens; umgekehrt ermöglicht ihnen die Dokumentation des Gruppengeschehens die Explikation der realen Komplexität der Handlungsvollzüge der einzelnen Mitglieder. *Die Konstellationsanalyse stellt in diesem Sinn bezogen auf ausgewählte Fälle ein Mittel der systematischen Explikation der Komplexität des geistigen Verkehrs, den man ‚Öffentlichkeit' nennt, dar.*

Um den *Zusammenhang* der unterschiedlichen (teils einander widersprechende kommunikative Erfahrungen beinhaltenden) sozialen Serien, die eine öffentliche Person im Zuge ihrer intellektuellen Biographie durchläuft, zu kennzeichnen, sprechen wir von ihrem *Denkraum*. Diesen Denkraum verstehen wir als ein Gebilde aus Argumentationsfiguren, Stilelementen, sprachlichen Bildern, Deutungsmustern, usw., das sich über die Zeit (in der sequentiellen Abfolge unterschiedlicher sozialer Serien) verändert. Um den kreativen Beitrag der Person an diesem Prozess zu kennzeichnen, sprechen wir vom Vollzug ihrer *Denkbewegung* (Gostmann 2014, S. 56–73; vgl. Bourdieu 2001b; Goodman 1990; Henrich 1991; Hunter 2010; Lepsius 1964; Mulsow und Stamm 2005; Somers 1994).

Zu den Aufgaben einer Konstellationsanalyse zählt demnach weiterhin die *Beschreibung der sequentiellen Ordnung der interseriellen Verdichtung kommunikativer Erfahrungen* seitens ausgewählter öffentlicher Personen: der Nachvollzug ihrer Denkbewegung und die Beschreibung des Denkraums, den diese Denkbewegung konstituiert. Zu explizieren ist dabei nicht zuletzt die Art und Weise, wie die Person im Vollzug ihrer Denkbewegung Übergänge und Brüche organisiert. (In unserem Beispiel: der Vollzug der Denkbewegung Textors, der Recht spricht; der eine Versammlung leitet; der den Brief eines Freundes liest; der mit der Familie speist; der wieder Recht spricht; der Tagebuch führt; der den Brief des Freundes beantwortet; der sich einer Lektüre widmet; o. ä.) Wir sprechen in diesem Zusammenhang von der *Analyse personaler Konstellationen.*

▶ **Dritter Aspekt der Konstellationsanalyse: Beschreibung der interseriellen Verdichtung kommunikativer Erfahrungen (bzw. Analyse einer personalen Konstellation)**

- Wie organisieren Personen die *Brüche* zwischen unterschiedlichen sozialen Serien, an denen sie beteiligt sind?
- Welche *Widersprüche* in der Organisation kommunikativer Erfahrung (hinsichtlich Argumentationsstil, sprachlichen Bildern, Deutungsmustern, Haltung, usw.) lassen sich zwischen den unterschiedlichen sozialen Serien feststellen, an denen eine öffentliche Person teilhat?
- Wie organisiert diese Person den Zusammenhang ‚ihrer' unterschiedlichen (teils widersprüchlichen) sozialen Serien, d. h. die *Einheit ihres Denkraums*?

- Welches sind die Konstanten, welches die variablen Elemente in den Handlungssequenzen der Person, d. h. ihrer *interseriellen Denkbewegung*?

4.) Schließlich wollen wir ausdrücklich festhalten, dass der sinnhafte Gehalt, der einer Ereigniskonstellation, einer sozialen Serie oder auch einer personalen Konstellation eignet, adäquat nur in Form einer *materialgesättigten* Analyse kommunikativer Verdichtungen nachvollzogen werden kann – was den Anspruch beinhaltet, einmal formulierte Hypothesen kontinuierlich zu prüfen (um sie ergänzen, zu präzisieren oder gegebenenfalls zu verwerfen). So mag es zwar zum Zwecke einer ersten Indexierung sinnvoll sein, im Beispiel der Goethe-Konstellation die soziale Serie, die die Eltern bilden, wie wir es oben getan haben, als ‚Zeugungsgemeinschaft' zu kennzeichnen. Aber auf materialer Grundlage würde sich sicher zeigen, dass nur in einigen der Sequenzen dieser Serie die Zeugung den Hauptstrang ihres Handelns und Zusammenhandelns bildet, dagegen in anderen Sequenzen andere Aspekte (Romantizismen; Alltagsorganisation; usw.) im Zentrum stehen. Mit anderen Worten: *Der erste und wichtigste Anhaltspunkt für den Nachvollzug des sinnhaften Gehalts einer sozialen Serie sind die kommunikativen Akte der handelnden Personen, d. h. sind die Begriffe, die sie selbst verwenden, ihr Argumentationsstil, ihr Gebrauch sprachlicher Bilder, usw.* So hatten wir festgestellt, dass in unserem Beispiel Textor, indem er die bürgerschaftliche Verallgemeinerung eigener familienverbandlicher Nöte vollzog, bestimmte Konzeptualisierungen vornehmen musste, z. B. eine Verbindung von ‚privaten' und ‚öffentlichen' Belangen herstellen, einen Ausdruck für das, ‚was Menschen zukommt', finden musste, o. ä.

Aus dieser Beobachtung lässt sich eine weitere Aufgabe ableiten, die auf dem Weg der Konstellationsanalyse angegangen werden kann. Dafür müssen wir uns verdeutlichen, dass die Begriffe, mittels deren man in *dieser* sozialen Serie die Verdichtung der gemeinsamen kommunikativen Erfahrung vollzieht, die gleichen Begriffe sein können, in denen dies in einer *anderen* sozialen Serie geschieht. Diese Möglichkeit gilt nun keineswegs allein für jene Fälle sozialer Serien (die uns bisher beschäftigt haben), an denen einige oder mindestens eines der Elemente *dieser* sozialen Serie beteiligt sind. Sondern sie gilt auch für soziale Serien, an denen keines dieser Elemente beteiligt ist, ja deren Elemente möglicherweise die Elemente *dieser* Serie und deren Kommunikationen nicht einmal kennen, z. B. nicht einmal in deren geographischer Nähe oder zur gleichen Zeit leben.

Daher können wir am Leitfaden bestimmter Begriffe (Argumentationsfiguren, sprachlicher Bilder), sofern sie identifiziert wurden als bedeutsam für *serielle bzw. interserielle (personale) Verdichtungen kommunikativer Erfahrungen,* unterschiedliche, nicht zwangsläufig raum-zeitlich, jedenfalls aber in semantischer Hinsicht verbundene soziale Serien einander zum Zwecke des Vergleichs ihres Sinngehalts *kontrastieren*, z. B. mit Blick auf die unterschiedliche Funktion, die diesen Begriffen (Argumentationsfiguren, sprachlichen Bildern) in der Organisation von Übergängen und Brüchen im Fall unterschiedlicher Denkräume bzw. Denkbewegungen zukommt. Wir sprechen in diesem Zusammenhang von der *Analyse einer transseriellen Konstellation*.

▶   **Vierter Aspekt der Konstellationsanalyse: Vergleich serieller Verdichtungen kommunikativer Erfahrungen (bzw. Analyse einer transseriellen Konstellation)**

- Welche Funktion hat ein Begriff (eine Argumentationsfigur, ein sprachliches Bild, o. ä.) in unterschiedlichen sozialen Serien?
- Welche Funktion hat ein Begriff (eine Argumentationsfigur, ein sprachliches Bild, o. ä.) in unterschiedlichen Denkräumen bzw. Denkbewegungen?

Forschungspraxis: Zur Verfahrensweise von Konstellationsanalysen 3

Im Ergebnis unserer vorhergehenden Überlegungen haben wir die Denkoperation genauer bestimmt, die wir mit dem soziologischen Konstellations-Begriff verbinden. Wir haben als einen grundlegenden Aspekt dieser Operation die *Identifikation der Ereigniskonstellation* bestimmt, d. h. die Aufgabe, ausgehend von definierbaren Sequenzen des Handelns und Zusammenhandelns öffentlicher Personen möglichst präzise und vollständig die kommunikativen Serien, die in ihr zusammenlaufen, zu identifizieren. Als weitere zentrale Aspekte einer soziologischen Konstellationsanalyse haben wir zwei Operationen bestimmt, die miteinander interagieren, insofern sie – gleichsam aus verschiedenen dokumentarischen Perspektiven – unterschiedliche Fragestellungen an ein und dasselbe Material herantragen: einerseits die *Beschreibung der seriellen Verdichtung kommunikativer Erfahrungen*, die u. a. in der Form der Organisation von Übergängen zwischen Sequenzen *einer* sozialen Serie geschieht; andererseits die *Beschreibung der interseriellen Verdichtung kommunikativer Erfahrungen*, die in der Handhabung von Brüchen zwischen unterschiedlichen aufeinanderfolgenden Serien seitens einer Person statthat. Als einen weiteren möglichen Aspekt haben wir die Analyse *transserieller Konstellationen* herausgearbeitet, d. h. den Vergleich des Sinngehalts von in semantischer Hinsicht verbundenen sozialen Serien.

Im Folgenden wollen wir diese Überlegungen nun konkretisieren, indem wir an ihrem Leitfaden die Verfahrenslogik der Konstellationsanalyse nachvollziehen. Nachdem wir bis hierher Fragen der Materiallage keine Aufmerksamkeit gewidmet haben, d. h. stillschweigend eine gleichsam ideale Materiallage vorausgesetzt haben, gekennzeichnet dadurch, dass uns zu jeglicher sozialer Serie, die uns interessieren könnte, alle wünschenswerten Daten vorliegen, werden wir nun ausgehen

© Springer Fachmedien Wiesbaden 2016

P. Gostmann, *Einführung in die soziologische Konstellationsanalyse*, essentials,
DOI 10.1007/978-3-658-10327-9_3

von den Realien der Forschungspraxis, d. h. von der Tatsache, dass wir üblicherweise eine nicht annähernd ideale Materiallage vorfinden werden.

Den Beginn einer Konstellationsanalyse bildet (so wie im Prinzip den Beginn jeder anspruchsvollen soziologischen Forschung) eine überraschende Einsicht: Ein Forscher ‚entdeckt' innerhalb eines gegebenen Materials etwas, das er in diesem Material bzw. einem Material dieser Art nicht erwartet hätte, d. h. dessen Auftreten unter dem Gesichtspunkt dessen, was man üblicherweise unter diesem Material bzw. einem Material dieser Art verstehen würde, erklärungsbedürftig ist (Peirce 1974, S. 105–107). Wir gehen davon aus, dass die Möglichkeit, eine solche ‚Entdeckung' zu machen, keineswegs ein Seltenheitswert ist – insbesondere dann nicht, wenn das Material, wie in den Fällen, die uns interessieren, die Äußerung einer öffentlichen Person darstellt. Denn das, was wir üblicherweise von der Äußerung einer öffentlichen Person erwarten, ist, wie sich zeigt, wenn wir diese Erwartung soziologisch reflektieren, genährt durch die Äußerungen, die *andere* öffentliche Personen bereits über sie getätigt haben – um *ihrerseits* auf deren Grundlage zur Verdichtung kommunikativer Erfahrungen im Zuge bestimmter Handlungsserien, an denen sie teilhatten, beizutragen.

Ein Forscher, der sich mit den Äußerungen öffentlicher Personen beschäftigt, wird demnach etwas zu finden erwarten, das einmal jemand an sie herangetragen hat mit dem Ziel, *für sich selbst* irgendwelche Brüche zu kitten bzw. Übergänge zu organisieren, die *ihn* umtreiben, die aber den vollständigen Sinngehalt *der Äußerung selbst* verstellen. Tatsächlich werden Äußerungen öffentlicher Personen z. B. häufig in relativ triviale Dichotomien eingespannt, die ihnen selbst nicht eignen bzw. die in ihnen keine zentrale Stellung haben, sie aber für Interessierte handhabbar machen – je nach dem kommunikativen Setting, in dem diese sie verhandeln wollen (und gemäß der Brüche und Übergänge, die es *hier* zu gestalten gilt): ‚freundlich vs. feindlich', ‚rechtgläubig vs. häretisch', ‚links vs. rechts', ‚traditionalistisch vs. modern', ‚konservativ vs. liberal', ‚idealistisch vs. materialistisch', ‚autoritär vs. demokratisch', o. ä. Jeder Forscher, sofern er diese Äußerungen nur gründlich genug studiert, wird Aspekte in ihnen finden, die sich solchen gängigen Dichotomien entziehen. Die erste Regel, an der der Konstellationsanalytiker sich orientieren kann, lautet daher schlicht, dem abduktivischen Imperativ nachzukommen: *Sieh' genau hin! Lass' Dich irritieren!*

▶ **Erste Verfahrensregel der Konstellationsanalyse** Folge dem abduktivischen Imperativ: Sieh' genau hin! Lass' Dich irritieren!

Es gibt keine Regel (und es bedarf keiner), *welches Material* den Ausgangspunkt einer Konstellationsanalyse bildet. Die überraschende Einsicht kann ebenso einer

Äußerung *coram publico* sich entnehmen, wie sie anlässlich der Lektüre differenzierterer sozialer Serien entstehen kann, z. B. eines Briefes oder eines Gesprächsprotokolls, oder auch einer zunächst für den persönlichen Gebrauch bestimmten Äußerung, z. B. einer Notiz oder eines Tagebucheintrags. So regellos der Ausgangspunkt einer Konstellationsanalyse ist, so klar geregelt ist allerdings das weitere Verfahren, das mit der *Identifikation der Ereigniskonstellation* beginnt, d. h. ausgeht vom Anspruch einer präzisen und vollständigen Bestimmung der kommunikativen Serien, die in dem Material, das den Forscher beschäftigt, zusammenlaufen.

Wir wollen uns dies in der Folge anhand eines Beispiels verdeutlichen, eines Briefs, den Leo Strauss, Professor am *Department of Political Science* der Universität von Chicago, am 03. Juni 1965 an Alexandrè Kojève in Vanves an der Seine schrieb.

Die irritierende Entdeckung sei eine Sentenz, mit der Strauss seine zuvor konstatierte Genugtuung kommentiert, dass Kojèves Haltung zu den „U.S. liberals" nicht weniger kritisch sei, als seine eigene: „It did not surprise me, because I know there is reason, and that you are reasonable" (Strauss 1965, S. 313). Die Irritation gelte der Verbindung der beiden Wissensbestände, die Strauss vornimmt:

- Wie hängen das Wissen um das Existentsein von *reason* (*there is reason*) und das Wissen hinsichtlich einer bestimmten Qualität einer Person, deren Kennzeichnung das Grundmorphem von *reason* aufnimmt (*you are reasonable*), zusammen?
- Was soll es heißen, dass Strauss auf Grundlage dieser beiden Wissensbestände zwar nicht *wissen* konnte, dass Kojèves Haltung zu den *U.S. liberals* nicht weniger kritisch als seine eigene war, aber es doch immerhin *vermutet* hätte, und daher später, nachdem er Kojèves Haltung kannte, feststellen konnte, dass diese *did not surprise me*?
- Inwiefern ist die Haltung zu den seinerzeitigen *U.S. liberals* paradigmatisch für die Bestimmung des Verhältnisses von *reason* und *reasonable*?
- Was besagt es, wenn der Lehrer einer einflussreichen ‚Schule' des politischen Denkens in den Vereinigten Staaten (Bluhm 2007, S. 33–40) und ein einflussreiches Mitglied des *Secrétariat d'etat aux finances et aux affairs économiques* in Paris (Auffret 1990) aus Gründen der *reasonableness* in ihrer Einschätzung der amerikanischen Liberalen übereinstimmen?

Es geht uns im Folgenden nicht darum, diese Irritation vollständig aufzulösen; wir wollen zeigen, wie sie mit den Mitteln der Konstellationsanalyse aufzulösen wäre, um so den formalen Ablauf eines konstellationsanalytischen Forschungsprozesses zu illustrieren.

Der erste Schritt der Konstellationsanalyse, die Identifikation der Ereigniskonstellation, geht von der Voraussetzung aus, dass *sämtliche* Aspekte eines Materials von Bedeutung sein könnten, um die Irritation, von der das Forschungsunternehmen seinen Ausgang nimmt, in zufriedenstellender Weise aufzulösen. Diese Voraussetzung folgt grundsätzlich dem (oben formulierten) systematischen Anspruch, die Komplexität des geistigen Verkehrs, den man ,Öffentlichkeit' nennt, explizit zu machen. Anhand unseres Beispiels lässt sich zeigen, warum es auch aus forschungspraktischen Gründen wichtig ist, das Material möglichst vollständig auszuschöpfen, um eine *Relevanzordnung der identifizierbaren sozialen Serien* zu erstellen und eine (erste) *Materialauswahl für die weitergehende Analyse der seriellen bzw. der interseriellen (personalen) Konstellationen* anzuleiten.

Exemplifikation: Die Identifikation einer Ereigniskonstellation
Ein wichtiger Aspekt der Denkbewegung, die Strauss in seinem Brief erläutert, ist, wie wir gesehen haben, sein Wissen über die Existenz von *reason*; der Adressat seiner Erläuterung ist eindeutig Kojève – die *fundamentale Serie*, um die es in unserem Material geht, ist die Serie, deren Elemente Autor und Adressat des Briefs sind:
    Serie 1 – Strauss-Kojève.
    Wenn wir Strauss' Wissen über *reason* verstehen wollen, müssen wir zuerst verstehen, wie Strauss dieses Wissen an Kojève mitgeteilt hat: Er musste es in einer Weise formulieren, die für Kojève verständlich sein würde. Wir müssen also – bis wir Gründe finden, diese Annahme in Frage zu stellen – davon ausgehen, dass für die Auflösung unserer Irritation die Strauss-Kojève-Serie von ausgezeichneter Relevanz ist. Wenn Strauss sicherstellen wollte, dass Kojève seine Mitteilung über *reason* bzw. *reasonableness* recht verstand, musste *entweder* seine Erläuterung so ausfallen, dass es für Kojève ohne weiteres möglich war, aus den *vorhergegangenen* kommunikativen Erfahrungen, die beide miteinander teilten, hinreichend deutlich zu schließen, was gemeint war. (D. h. Kojève müsste über Erkenntnisse verfügt haben, worum es Strauss für gewöhnlich bzw. im Großen und Ganzen ging, wenn er von *reason* sprach.) *Oder* Strauss musste im Brief selbst hinreichend präzise erläutern, was es mit seinem Wissen um die Existenz von *reason* bzw. *reasonableness* auf sich hatte, auf dass Kojève dies unabhängig von allen vorhergegangenen seriellen Begegnungen beider verstehen konnte. (Strauss müsste *wenigstens* einige Hinweise gegeben, *idealerweise* formal definiert haben, worum es ihm ging, wenn er von *reason* bzw. *reasonableness* sprach.)
    Der Forscher könnte allerdings selbst im Fall des Vorliegens einer formalen Definition nicht sicher sein, die Aussage nur aufgrund dieser einen Sequenz der Strauss-Kojève-Serie adäquat verstanden zu haben. Z. B. könnte die formale Begründung seines Wissens, dass *there is reason*, eine Revision einer vorhergegangenen Äußerung zu diesem oder einem verwandten Sachverhalt oder die Auflösung eines Missverständnisses sein. Jedenfalls aber muss geklärt werden, welche inhaltlichen Äußerungen Kojève in den vorhergegangenen seriellen

Begegnungen beider getroffen hat. Denn Strauss bekundet, indem er *reasonable-ness* geradezu als *Seinsweise* Kojèves ausweist (*you are reasonable*), seine Bereit-schaft, alles, was er von Kojève weiß, wenigstens *cum grano salis* und zumindest soweit es um die Haltung zu Phänomenen wie den *U.S. liberals* geht, als kompati-bel mit einer Seinsweise, die *reasonable* heißen darf, anzuerkennen.

Der Forscher, der im Brief vom 03. Juni 1965 eine irritierende Entdeckung macht, wird daher als weitere Materialien für die Auflösung seiner Irritation zu-nächst Dokumente heranziehen müssen, die ihm den Gebrauch von *reason* bzw. *reasonableness* innerhalb der Strauss-Kojève-Serie kenntlich machen können. Da unser Brief Teil einer Serie ist, die (spätestens) am 06. Dezember 1932 begann, in Form einer Postkarte, mit der Strauss Kojève „to our place" in Paris einlud (Strauss 1932), ist dieser Briefwechsel das vorrangige Material.

Anlässlich der Lektüre des Briefs, dem der Forscher seine Irritation entnommen hat, wird er bemerken, dass Strauss Kojève als den Produzenten einer Serie *coram publico* adressiert; er kommt auf dessen „contribution to the *Mélanges Koyré*" und „to my Festschrift" zu sprechen (Strauss 1965, S. 313). Im Sinne unserer Frage, was Strauss' Einschätzung von Kojèves *reasonableness* begründet, müssen wir also fraglos den Äußerungen des Autors Kojève zentrale Bedeutung beimessen. Diese Feststellung führt uns zumal ins Kerngebiet der Konstellationsanalyse. Denn interessante Forschungsgegenstände sind Strauss oder Kojève nicht zuerst, weil sie Briefe wechselten; im Gegenteil ist ihr Briefwechsel interessant, weil dies öffentli-che Personen sind. Mit Strauss' Einschätzung der *reasonableness* Kojèves visieren wir eine Ebene der Verhandlung bzw. Anwendung eines Klassifizierungsprinzips an, die gleichsam unter der Oberfläche beider *öffentlicher* Verhandlung bzw. An-wendung von Klassifizierungsprinzipien abläuft:

Serie 2 – Kojève *coram publico*.

Da wir festgestellt haben, dass Strauss, indem er *reasonableness* als Seinswei-se Kojèves ausweist, seine Bereitschaft, wenigstens in einem bestimmte Rahmen (s. o.) alles, was er von Kojève weiß, als kompatibel mit einer Seinsweise, die *reasonable* heißen darf, anzuerkennen, so muss dies auch die öffentlichen Äuße-rungen Kojèves, von denen er weiß, umfassen. Für den Forscher folgt daraus als erstes die Aufgabe, zu überprüfen, welche der öffentlichen Äußerungen Kojèves, d. h. welche Sequenzen der Kojève-Serie (die mit einer Rezension zu Kazimieras Ambrozaitis' Studie zur Staatslehre Solowjews (Kojève 1929) begonnen hatte), Strauss bekannt waren. Diese Prüfung wird er nicht zuletzt im Zuge seiner Be-schäftigung mit der Strauss-Kojève-Serie (Serie 1) durchführen können.

Für die konstellationsanalytische Verfahrenslogik können wir in diesem Zu-sammenhang als weitere Regel feststellen, dass eine Serie nicht etwa, nachdem sie einmal identifiziert worden ist, blindlings für sich analysiert werden sollte. Vielmehr sollte die Identifikation der Ereigniskonstellation systematisch genutzt werden, um Arbeitsaufträge zu sammeln, die im Zuge der verschiedenen seriellen Analysen, teilweise nebenher der tiefergehenden inhaltlichen Analyse, erledigt werden können – so wie in unserem Fall für die Analyse der Strauss-Kojève-Serie der Arbeitsauftrag, zu überprüfen, welche der öffentlichen Äußerungen Kojèves Strauss bekannt gewesen sind, neben der tiefergehenden inhaltlichen Analyse der Verhandlung von *reason* bzw. *reasonableness* in beider Briefwechsel stattfinden kann. Mindestens gilt diese Bekanntschaft für die beiden Texte, die Strauss erwähnt. Und wenn er zu der Einschätzung der *reasonableness* Kojèves kommt, so müssen jedenfalls jene beiden Texte (Kojève 1964a, b) dieser Einschätzung kompatibel sein. Da Strauss hinsichtlich Kojèves *contribution to my Festschrift* anmerkt, er sei im Ergebnis der Beschäftigung damit „very gratified, since it shows that persecution and the art of writing are not some fancy" (Strauss 1965, S. 313), können wir davon ausgehen, dass ins Sonderheit dieser Text das ausweist, was nach Strauss' Einschätzung Kojève als *reasonable* kennzeichnet.

▶ **Zweite Verfahrensregel der Konstellationsanalyse** Nutze den Schritt der Identifikation der Ereigniskonstellation, um systematisch Arbeitsaufträge zu sammeln!

Wenn der Forscher, der Strauss' Brief eine Irritation entnommen hat, bereits über einige Kenntnisse hinsichtlich des Verfassers und seiner öffentlichen Äußerungen verfügt, so wird er in der zuletzt wiedergegebenen Sentenz einen Hinweis auf einen älteren Aufsatz- bzw. Buchtitel von Strauss, „Persecution and the art of writing" (Strauss 1941, 1952), finden und mithin den Hinweis, dass Strauss bereits hier (zumindest in seiner retrospektiven Einschätzung) *reason* bzw. *reasonableness* in einer Weise behandelt haben will, die jener ähnlich ist, der zufolge Kojève *reasonable* heißen soll. Aber auch wenn der Forscher nicht über diese Kenntnis verfügt, so wird er im weiteren Verlauf des Briefs darauf stoßen, dass dessen Verfasser seinerseits der Produzent einer Serie *coram publico* ist, da er Kojève berichtet, er habe „just finished dictating a book, *Socrates and Aristophanes*", und sich überdies erkundigt: „Did you get my *The City and Man?*" (Strauss 1965, S. 314). Für Strauss gilt ebenso wie für Kojève, dass uns in Form dieser und anderer Publikationen seine *öffentliche* Verhandlung bzw. Anwendung von Klassifizierungsprinzipien (seine Kategorientafel, seine Argumentationsweise, usw.) vorliegt, denen in der Form des Briefwechsels eine Kommentierung bzw. Erläuterung anderer (oder auch derselben) Klassifizierungsprinzipien auf privaterer Ebene korrespondiert:

Serie 3 – Strauss *coram publico*.

Wenn Strauss seinem Briefpartner mitteilt, dass er über ein Wissen hinsichtlich der Existenz von *reason* verfüge und ihn für *reasonable* hält, so ist unausgesprochen vorausgesetzt, dass er selbst in seinen Äußerungen *coram publico*, wenn er in ihnen nicht geradezu expliziert hat, was *reason* bzw. *reasonableness* heißen sollen, so wenigstens in Form dieser Äußerungen (durch die Argumente, die er vorträgt, seinen Argumentationsstil etc.) dokumentiert hat, wie sich jemand äußern sollte, der nach seinem Dafürhalten *reasonable* verfährt. Jedenfalls können wir dies uneingeschränkt annehmen für die beiden erwähnten Texte (Strauss 1964a, 1966).

Da, wie wir gesehen haben, Strauss überdies mit der Andeutung von *Persecution and the art of writing* eine Verbindung der *reasonableness* Kojèves mit seiner eigenen *reasonableness* herstellt auf der Grundlage eines Textes, dessen Niederschrift bereits zweieinhalb Jahrzehnte zurückliegt, so haben wir überdies Gründe für die Annahme, dass Strauss' davon ausgeht, das größere Teile seines Werks (d. h. der Strauss-Serie) *reasonable* heißen können – zumindest der bis zu „Persecution and the art of writing" zurückreichende Teil des Werks, sofern wir nicht im Zuge der Analyse darauf stoßen, dass er zwischenzeitlich eine Distanzierung von Teilen des in diesem Zeitraum entstandenen Werks vorgenommen hat.

Wenn wir oben festgestellt hatten, dass die kommunikativen Erfahrungen öffentlicher Personen nicht zuletzt kommunikative Erfahrungen in Institutionen sind, so bedeutet, präzise gesprochen, Strauss' Andeutung der zeitübergreifenden Qualität dessen, was er als *reasonableness* versteht, dass er auf ihrer Grundlage ungebrochen in all den unterschiedlichen institutionellen Zusammenhängen, in die er in diesem Zeitraum eingebunden war, agieren konnte bzw. diese zu repräsentieren vermochte. Um Strauss' Verständnis von *reason* bzw. *reasonableness* zu klären (und mithin zu klären, was er mit der Feststellung von Kojèves *reasonableness* sagen will), ist demnach die Frage zu klären, in welchen Institutionen Strauss während der Produktion seiner Serie *coram publico* agiert hat (von der Berliner *Akademie des Judentums* über die *Rockefeller Foundation* und die *Graduate Faculty* der New Yorker *New School for Social Research* bis zur *Robert Maynard Hutchins Distinguished Service*-Professur der Universität von Chicago) und in welcher Weise die *reasonableness* der einzelnen Institutionen miteinander kompatibel ist (bzw. von welcher Art die *reasonableness* von jemandem sein muss, der in allen diesen Institutionen zu ‚fuktionieren' versteht).

Für die konstellationsanalytische Verfahrenslogik bedeutet dies, dass wir als eine weitere Regel feststellen können, dass wir auf Kennzeichnungen von Kontinuitäten (aber auch von Gegensätzen oder ‚Brüchen') achten sollten, um auf diesem Weg Hinweise auf mögliche Ähnlichkeiten (und Unterschiede) zwischen sozialen Serien (z. B. Arbeitskreisen, Fakultätssitzungen, Kolloquien usw.), an denen eine öffentliche Person teilhat, zu erfassen.

▶ **Dritte Verfahrensregel der Konstellationsanalyse** Achte auf Kennzeichnungen von Kontinuitäten und Gegensätzen, um auf diese Weise Hinweise auf Ähnlichkeiten und Unterschiede zwischen sozialen Serien zu erfassen!

Wenn wir davon ausgehen, dass Strauss zufolge Personen und Institutionen sich nach ihrer *reasonableness* unterscheiden lassen (bzw. nach der *reasonableness*, die dem, der in ihnen agiert oder mit ihnen interagiert, zu praktizieren möglich ist), so können wir die Annahme formulieren, dass tendenziell alle die Personen und Institutionen, über die er sich äußert, nach der *reasonableness*, die er ihnen zuweist, unterschieden werden können.

Für einen Forscher, dessen Irritation Strauss' Gebrauch von *reason* bzw. *reasonableness* gilt, wird es demnach hilfreich sein, wenn er für sämtliche Personen bzw. Institutionen, die im Brief genannt werden, Hypothesen über die *reasonableness*, die Strauss ihnen zuweist (ihre Ausprägung, Gestalt, usw.), zu formulieren versucht. Dabei müssen wir allerdings berücksichtigen, dass gemäß unserer systematischen Überlegungen im vorangegangenen Kapitel gelten muss, dass dies lediglich *reasonableness* im Sinne der sozialen Serie, mit welcher der Forscher sich aktuell beschäftigt, ist: der Strauss-Kojève-Serie. Demnach müsste er idealerweise in der weitergehenden Analyse überprüfen, ob und inwieweit Strauss in anderen sozialen Serien, an denen er teilhat, anders über *reason* spricht und die *reasonableness* der genannten Personen und Institutionen anders beurteilt, als er es gegenüber Kojève tut – z. B. gegenüber den genannten Personen oder im Rahmen der genannten Institutionen selbst.

Diese Überprüfung bedarf der Hinzunahme weiterer Materialien. Um sie in zielführender Weise vornehmen zu können, empfiehlt es sich, auf der Grundlage des Ausgangsmaterials *a)* Hypothesen über Strauss' Einschätzung der *reasonableness* der genannten Personen und Institutionen zu formulieren; *b)* Fragen zu entwickeln, die verbleibende Forschungslücken markieren; *c)* Hypothesen zur Relevanz der Materialien, die potentiell hinzugezogen werden könnten, zu formulieren.

Für die konstellationsanalytische Verfahrenslogik können wir als weitere Regel feststellen, dass im Zuge der Identifikation der Ereigniskonstellation erste Hypothesen und weitergehende Forschungsfragen entwickelt werden sollten, die zur Auflösung der ursprünglichen Irritation beitragen können. Ebenso sollten Hypothesen über die Relevanz dieser inhaltlichen Hypothesen und Fragen entwickelt werden, um die Relevanz potentiell zu untersuchender sozialer Serien, d. h. potentiell hinzuzuziehender Materialien, einschätzen zu können. (Dass Hypothesen so heißen, wie sie heißen, um in der Folge überprüft zu werden, versteht sich dabei freilich von selbst.)

> **Vierte Verfahrensregel der Konstellationsanalyse** Formuliere auf Grundlage des Ausgangsmaterials inhaltliche Hypothesen und markiere verbleibende Forschungslücken! Formuliere Hypothesen über die Relevanz potentiell zu untersuchender sozialer Serien (d. h. hinzuzuziehender Materialien)!

Wir wollen, da es uns hier nicht um eine vollständige Analyse, sondern die Illustration einer Vorgehensweise geht, im Folgenden nicht in gleicher Detailliertheit auf sämtliche anhand des Briefs identifizierbaren sozialen Serien eingehen, wie wir dies oben mit Blick auf die Strauss-Kojève-Serie und die Serien Kojève *coram publico* bzw. Strauss *coram publico* getan haben; ebenso wenig geben wir eine exakte Darstellung des Argumentationsgangs, der uns mit Blick auf die einzelnen Serien zur Formulierung *dieser* Hypothese oder *jener* Forschungsfrage geführt hat. Stattdessen geben wir eine Überblicksdarstellung in tabellarischer Form (Tab. 3.1), die – in der Rubrik ‚Kennzeichnung im Rahmen der Strauss-Kojève-Serie‘ – die Äußerung, auf die wir uns beziehen, beinhaltet, so dass die Leser*innen die Möglichkeit haben, die Plausibilität der Hypothesen und Forschungsfragen, die wir formulieren, zu überprüfen (und sie gegebenenfalls zu ergänzen, präziser zu fassen oder zu ersetzen).

Tab. 3.1 Serie Strauss-Kojève: Sequenz vom 03. Juni 1965 (Brief Strauss)

Soziale Serie	Kennzeichnung im Rahmen der Strauss-Kojève-Serie	Inhaltliche Hypothese und Forschungslücken	Hypothese zur Relevanz
Strauss (S.) – Kojève (K.)	S. bedauert, dass K. ‚could not make a side-trip to Chicago‘; ist ‚pleased‘, dass K. ‚as critical of U.S. liberals‘ ist, ‚as I am‘; hat K.s Beitrag zu ‚Mélanges Koyre‘ erhalten; hat sich lange mit K.s Beitrag zu seiner Festschrift befasst, ist ‚very gratified‘; stellt Mutmaßungen über K.s potentielle Reaktion auf, ‚Socrates and Aristophanes‘ an; grüsst K. ‚cordially as ever‘	K. ist Vertrauter ‚auf Augen- höhe‘, dem zuzutrauen ist, in selbständiger Weise über reason im Großen und Ganzen und im Zusammenhang seiner eigenen reasonableness nachzudenken: was veranlasst S. zur Feststellung von K.s reasonableness? Inwiefern ist diese reasonableness nicht ‚vollständig‘ (d. h. er nicht geradezu reason ‚itself‘)?	Fundamental
Kojève coram publico	K. ist Verfasser eines Beitrags zu S.s Festschrift (S. ist ‚very gratified‘, weil demnach ‚persecution and the art of writing‘ nicht ‚fancy‘ sind); zu ‚Mélanges Koyré‘, von ‚observations regarding the neo-Platonists‘	K.s Texte sind für S. (mindestens in wesentlichen Aspekten) reasonable, besonders der Beitrag zur Festschrift mit Blick auf persecution/art of writing: was an K.s Texten ist reasonable? Inwiefern hat es (auch) mit persecution/art of writing zu tun?	Zentral

Tab. 3.1 (Fortsetzung)

Soziale Serie	Kennzeichnung im Rahmen der Strauss-Kojève-Serie	Inhaltliche Hypothese und Forschungslücken	Hypothese zur Relevanz
Strauss coram publico	S. ist Verfasser eines Buchs über ‚The City and Man', hat eines über ‚Socrates and Aristophanes' diktiert, früher ‚Persecution and the art of writing' verfasst	S.s Texte explizieren bzw. dokumentieren und bewähren seine reasonableness bzw. sein Verständnis von reason: was an ihnen ist bzw. ist ihnen zufolge reason(-able)? Inwiefern hat es (auch) mit persecution/art of writing zu tun?	Zentral
Strauss- Festschrift (S.F.)	S.F. umfasst jedenfalls einen Text von K., mit dem S., had been acquainted with for a long time; Cropsey ist organisatorisch eingebunden	Die Beiträge von S.F. sind (mindestens in wesentlichen Aspekten) reasonable: was ist das gemeinsame Element aller Texte, in dem die reasonableness der Beiträger sich erweist?	Überprüfenswert
Strauss – Cropsey (C.)	C. als Ansprechpartner in Sachen: Who got a copy of the Festschrift?	C. ist Schüler/Mitarbeiter, der Vertrauen genießt: wg. einem *gewissen* Maß an reasonableness? ‚Zuverlässigkeit' – und mehr? Sieht S. ihn auf dem Weg zu ‚vollständiger' reasonableness?	Eher randständig
Strauss – Gildin (G.)	G. als Berichterstatter in Sachen: How about K.s political views?	G. ist Schüler/Mitarbeiter, der Vertrauen genießt: wg. einem *gewissen* Maß an reasonableness? ‚Dokumentarische Präzision' – und mehr? Sieht S. ihn auf dem Weg zu ‚vollständiger' reasonableness?	Eher randständig
Kojève – Gildin	G. saß ‚at K.s feet with open ears and open mouth'	G. ist ‚Jünger' von K.: schränkt dies seine reasonableness ein? Was ist der Grund seiner Hingabe?	Eher randständig
U.S. liberals (U.S.l.) coram publico	U.S.l.s sind Personen ‚to be (distinctly!) critical of'	U.S.l. stehen für niedriges Maß an reasonableness: wen hat S. (und wen hatte K.) dabei vor Augen? Lassen sich konkrete Äußerungen von U.S.l.s kontextuieren?	Vermutlich zentral

Tab. 3.1 (Fortsetzung)

Soziale Serie	Kennzeichnung im Rahmen der Strauss-Kojève-Serie	Inhaltliche Hypothese und Forschungslücken	Hypothese zur Relevanz
Strauss – Universität Hamburg (U.H.)	S. ‚accepted an invitation' dorthin (SoSe 1965): abgesagt ‚for reasons of health'	Akteure der U.H. sind S.s Verständnis von reasonableness hinreichend kompatibel: mit welchen Akteuren hat S. verhandelt? Inwiefern können diese ‚reasonable' heißen (und inwiefern nicht)?	Eher randständig
Strauss – Intelligent young Germans (I.y.G.)	I.y.G. vermitteln S. den Eindruck, in G. vollziehe sich aktuell eine Entwicklung vergleichbar dem 19. Jh.: ‚from German speculation toward Western positivism'	I.y.G. sind nur eingeschränkt reasonable, da sie (unbemerkt? hilflos?) ein naheliegendes Ablaufschema reproduzieren: wen hat S. vor Augen? Lassen sich konkrete Äußerungen kontextuieren?	Möglicherweise zentral
Strauss – Heidegger (H.)	H.s Äußerungen sind German speculation in der Variante des 20. Jh.s	H. ist maßgeblich für das ‚deutsche' Denken des 20. Jh.s, aber seine reasonableness defizitär, da er spekulativ denkt: auf welche Äußerungen bezieht sich S.? Welche Äußerungen des 19. Jh. bilden die Parallele?	Möglicherweise zentral
Kojève – Koyré (Ko.)	S. kennt die ‚Mélanges Koyré', insbesondere K.s Beitrag	Ko. zu verstehen könnte wichtig sein, um (im Abgleich) K.s reasonableness ‚lokalisieren' zu können: auf welche Äußerungen von Ko. bezieht sich K.? Wie steht er zu Ko.?	Überprüfenswert
Strauss – Mrs. Koyré (Mrs. Ko.)	S. war nicht in der Lage, ihr zu schreiben, hofft, dass sie ihm dies verzeihen möge	S. ist sich angesichts seiner Interaktion mit Mrs. Ko. seiner eigenen reasonableness (*private* Dimension!) nicht sicher: warum hätte er ihr schreiben sollen? Gibt es parallele Fälle in seinen sozialen Serien (etwas nicht getan haben, was mögl. zu tun gewesen wäre?)	Eher randständig

Tab. 3.1 (Fortsetzung)

Soziale Serie	Kennzeichnung im Rahmen der Strauss-Kojève-Serie	Inhaltliche Hypothese und Forschungslücken	Hypothese zur Relevanz
Strauss – Hathaway (Hw.)	Hw. schreibt über Pseudo-Dyonisus ‚from K.s point of view‘; S. hat ihn darum auf K.s Überlegungen zu den Neuplatonikern hingewiesen	Hw. ist ‚Lernender‘, dessen reasonableness sich noch nicht bewährt hat, der aber (in den ‚Spuren‘ K.s) auf dem richtigen Weg ist: inwiefern spiegeln Hw.s Äußerungen K.s point of view? Inwiefern können sie darob reasonable heißen?	Eher randständig
Aristophanes (A.) coram publico	S. vermutet, dass für K. A.s ‚jokes‘ Grund zum Vergnügen sind, ebenso wie S.s ‚Victorian paraphrases of them‘	A.s Humor ist dem von ‚reasonable men‘ kompatibel: wie ist das Verhältnis von A.s Humor und S.s viktorian. Paraphrase? Um welche ‚jokes‘ geht es? Wie ist das Verhältnis von Humor und reason(-ableness)?	Möglicherweise zentral
Klein (Kl.) coram publico	S. ist an K.s Einschätzung von Kl.s Schrift ‚Meno‘ interessiert	Kl.s ‚Meno‘ bewährt (mindestens in wesentlichen Aspekten), was S. unter reasonableness versteht: inwiefern ist der Text reasonable?	Überprüfenswert

Diese tabellarische Überblicksdarstellung fasst hinsichtlich des Ausgangsmaterials das Ergebnis des Schritts der Konstellationsanalyse, den wir als *Identifikation der Ereigniskonstellation* gekennzeichnet haben, zusammen. Zwar ist es nicht geradezu notwendig, im Zuge einer Konstellationsanalyse Tabellen dieser (oder ähnlicher) Art anzulegen; gleichwohl empfehlen wir ein solches Vorgehen, da es die Systematisierung des Materials wesentlich erleichtert. Der Grund für diese Empfehlung lässt sich einfach erklären. Für diese Erklärung müssen wir die Operationen, die an diesen ersten Schritt anschließen, antizipieren. Wir verhandeln sie in der Folge im Zusammenhang, da es sich, wie wir dargestellt haben, bei der seriellen und der interseriellen Analyse um interagierende Operationen handelt, die *unterschiedliche* Fragestellungen an ein und *dasselbe* Material herantragen. Hingegen bei der transseriellen Analyse handelt es sich, wie wir oben dargestellt haben, um eine Operation, die *dieselbe* Fragestellung an *unterschiedliche* Materialien heranträgt; daher werden wir zu diesem Aspekt der Konstellationsanalyse keine Exemplifikation vornehmen, sondern lediglich einige allgemeine Hinweise geben.

Exemplifikation: Analyse (inter-)serieller Konstellationen
Wie unser Beispiel zeigt, wird es nicht selten der Fall sein, dass sich anhand eines Materials von relativ überschaubarem Volumen eine relativ große Anzahl sozialer Serien identifizieren lässt. Wie wir erläutert haben (und worauf wir nun zurückkommen werden), ist aber ein Material wie der Brief, mit dem wir uns beschäftigt haben, nur das Ausgangsmaterial für weitergehende (serielle, inter- und transserielle) Analysen. Oder genauer: es stellt lediglich eine Sequenz in einer sozialen Serie dar, deren Elemente (Strauss und Kojève) an verschiedenen anderen sozialen Serien beteiligt sind (von denen einige dem Material zu entnehmen sind), die uns interessieren müssen, wenn wir unsere anfängliche Irritation auflösen wollen. Wenn wir davon ausgehen, dass wir im Zuge der weitergehenden Beschäftigung mit diesen Materialien eine erkleckliche Anzahl zusätzlicher sozialer Serien identifizieren werden, so wird deutlich, dass wir gut daran tun, uns gezielt eine Grundlage zu schaffen, um angesichts dieser Diversität von Materialien nachvollziehbare und transparente Forschungsentscheidungen treffen zu können: *Welche sozialen Serien sollte ich aus welchen Gründen (nicht) für weitere Analysen heranziehen? Auf welche Fragen verdichte ich auf diese Weise mein Forschungsproblem? Welche Fragen bleiben auf diese Weise offen?*

Eine Konstellationsanalyse muss nicht *alle* Fragen, die das Material dem Forscher nahelegt, klären. Aber der Forscher sollte klären, welche Fragen (und welche nicht) er aus welchen Gründen verfolgt. Wenn wir z. B. im Ergebnis unserer Beschäftigung mit dem Strauss-Brief die Entscheidung treffen, die Relevanz der Serie Strauss-Mrs. Koyré als ‚eher randständig‘ zu beurteilen, so ist dies wohlbegründet, wenn wir z. B. entschieden haben, unsere Analyse auf das Gespann Strauss und Kojève zu konzentrieren – möglicherweise innerhalb eines bestimmten Zeitraums, möglicherweise unter kontrastiver Berücksichtigung ihres Verhältnisses zu einer dritten Person (z. B. eines ‚Schülers‘ wie Hilal Gildin) oder unter Berücksichtigung von Äußerungen, die einige prominente *U.S. liberals* um das Jahr 1965 herum tätigten. Gleichwohl sollten wir uns verdeutlichen, dass die weitere Analyse der Serie Strauss-Mrs. Koyré möglicherweise ein Licht auf eine bestimmte Dimension von Strauss' Verständnis von *reason* bzw. *reasonableness* geworfen hätte, die wir aufgrund der Konzentration auf andere Materialien vernachlässigen. Denn indem Strauss vermerkt, er hoffe, Mrs. Koyré werde ihm verzeihen, dass er nicht in der Lage gewesen sei, ihr zu schreiben (Strauss 1965, S. 313), dokumentiert er – so ließe sich zumindest hypothetisch feststellen – dass er am Anspruch, *reasonable* zu agieren, in dieser eher *privaten* Angelegenheit aufgrund einer konstatierten (aber nicht näher erläuterten) Defizienz gescheitert ist. (Eine Hintergrundrecherche hätte

ergeben, dass Alexandre Koyré kurz zuvor gestorben war.) Man hätte dies weiter-
verfolgen können; man musste es nicht. Indem wir aber immerhin die *Möglichkeit*,
es zu tun, in Form unserer Überblickstabelle festgehalten haben, haben wir sie nicht
einfach fallengelassen, sondern *in den Forschungsprozess eingespeist* – um sie gegebenenfalls, falls weitere Analysen dies nahelegen sollten, aufgreifen zu können.

▶ **Fünfte Verfahrensregel der Konstellationsanalyse** Schaffe eine
   Grundlage, um angesichts der Diversität von Materialien nachvollziehbare und transparente Forschungsentscheidungen treffen zu können!
   Dokumentiere systematisch mögliche Forschungsfragen, die Du nicht
   verfolgt hast, um sie gegebenenfalls, wenn weitere Analysen dies nahelegen sollten, wieder aufgreifen zu können!

Diese Überlegung gilt selbstverständlich nicht allein hinsichtlich der sozialen Seri-
en, die sich im Ausgangsmaterial identifizieren lassen, sondern hinsichtlich sämtli-
cher Materialien, die wir heranziehen. Daher empfehlen wir, die Überblickstabelle
im Zuge der weitergehenden Analysen kontinuierlich zu erweitern und zu ergänzen
– durch die Erfassung hinzukommender sozialer Serien bzw. neu gewonnener Einsichten hinsichtlich bereits erfasster sozialer Serien.

Der Prozess der systematischen Extension der Materialübersicht dient einerseits dem forschungslogischen Anspruch, möglichst vollständig die verschiedenen
Aspekte des Materials zur Wiedervorlage in den Forschungsprozess einzuspeisen.
Andererseits ist aber zu vermeiden, dass das Procedere eine rein artifizielle Qualität gewinnt, d. h. der Konstellationsanalytiker lediglich um der Materialextension
willen das Materialvolumen extendiert, jedoch im Sinne seiner Forschungsfrage
,nichts Neues‘ entdeckt. Er sollte daher im Vollzug des Forschungsprozesses die
Entdeckung neuer Aspekte systematisch erfassen, um so beizeiten präzise, d. h. in
Form einer wohlbegründeten Forschungsentscheidung, das Erreichen des Punktes
im Rahmen seiner Untersuchung markieren zu können, an dem die Auseinandersetzung mit den Materialien so weit fortgeschritten ist, dass (vorerst) keine Irritation mehr besteht, er also nunmehr mit der gezielten Falsifikation der Befunde, die
er bis hierher gewonnen hat, beginnen kann.

Damit diese Forschungsentscheidung als wohlbegründet gelten kann, ist es
wichtig, ausgangs jeder Analyse einer einzelnen Sequenz eine Forschungshypothese zu formulieren. In dieser sollte der Analytiker verbinden: *a)* eine Rekonstruktion
des Sinngehalts des Materials in Hinsicht auf das eigene Forschungsproblem; *b)*
eine Reflexion über den Stand des Irritationsmanagements (d. h. der Klärung des
Forschungsproblems), der auf Grundlage dieser *letzten* Rekonstruktionsleistung
erreicht wurde, im Vergleich zu dem Stand, der *vor* der Analyse dieser Sequenz

erreicht war; *c)* eine Reflexion über die Kriterien und Kategorien, die anlässlich der Analyse der nächsten Sequenzen forschungsleitend sein sollen.

Indem der Konstellationsanalytiker nach jeder Analyse einer Sequenz eine solche Forschungshypothese formuliert, entsteht Schritt für Schritt eine Serie von Forschungshypothesen: ein Forschungstagebuch, das eng am Material die erarbeiteten Befunde, die auf diesen Befunden aufbauenden Forschungsentscheidungen sowie die mit ihnen einhergehende Entwicklung des Irritationsmanagements dokumentiert.

▶ **Sechste Verfahrensregel der Konstellationsanalyse** Dokumentiere Deine Arbeiten in einem Forschungstagebuch, indem Du ausgangs jeder Analyse einer einzelnen Sequenz eine Forschungshypothese formulierst: Rekonstruiere den Sinngehalt des Materials in Hinsicht auf Dein Forschungsproblem! Stelle eine Reflexion über den Stand Deines Irritationsmanagements an! Stelle eine Reflexion über die forschungsleitenden Kategorien und Kriterien an!

In unserem Fallbeispiel müsste die Forschungshypothese, die anschließend an die Analyse der *Sequenz/03.06.1965 der Strauss-Kojève-Serie* zu formulieren wäre, die folgenden Aspekte berücksichtigen:

a. den Zusammenhang zwischen einer bestimmten Haltung zu den gegenwärtigen *U.S. liberals*, einem Verständnis dafür, dass *persecution and the art of writing* nicht als *fancy* abgetan werden können, und dem Vermögen, den Humor des Aristophanes in Verbindung mit deren *Victorian paraphrases* wertzuschätzen; den Zusammenhang dessen, was *reason* bzw. *reasonable* heißen soll, mit einer relativen institutionellen Flexibilität;
b. die Entdeckung der Möglichkeit, die Frage des Zusammenhangs eines Wissens um das Existentsein von *reason* und eines Wissens um die *reasonableness* einer Person zu beantworten, indem geprüft wird, in welcher Weise Äußerungen über Personen als Äußerungen über den Grad der ihnen zugeschriebenen *reasonableness* gelesen werden können; die Entdeckung der Möglichkeit, bestimmte Äußerungen *coram publico* als Dokumentationen einer Haltung, die *reasonable* heißen kann, zu lesen, und zugleich der Notwendigkeit, die Klassifizierung *reasonable* nicht als Klassifizierung der ‚reinen‘ Äußerung (d. h. ihres propositionalen Gehalts), sondern als Klassifizierung der Äußerung *in Kombination mit* ihrer *nicht*-öffentlichen Kommentierung bzw. Erläuterung zu verstehen;
c. den systematischen Zusammenhang von *reason* und *joke*; die Differenzierung von *Haltung* und *Äußerung*; das Verhältnis von *liberalism* und *persecution* bzw. *art of writing*.

Da wir im Durchgang durch die *Sequenz/03.06.1965 der Strauss-Kojève-Serie* feststellen können, dass Strauss hier *nicht* hinreichend präzise erläutert, was es mit seinem Wissen über die Existenz von *reason* bzw. *reasonableness* auf sich hat, können wir schließen, dass Kojève aus den vorhergegangenen kommunikativen Erfahrungen, die beide teilten, über Erkenntnisse darüber, was Strauss mit seiner Äußerung sagen wollte, verfügte. Da uns keine Materialien in Form von Gesprächsprotokollen o. ä. vorliegen, müssen wir diese geteilten kommunikativen Erfahrungen anhand des überlieferten Schriftverkehrs nachvollziehen, und mithin die skizzierte Forschungshypothese auf der Grundlage der schrittweisen Analyse der der *Sequenz/03.06.1965* vorangegangenen Sequenzen dieses Schriftverkehrs fortentwickeln.

Vordergründig betrachtet scheint der Konstellationsanalytiker, wenn er wie beschrieben verfährt, die ‚natürliche' Sequenzfolge geradezu umzukehren. Bei näherer Betrachtung des Vorgangs zeigt sich allerdings, dass dies nicht der Fall ist; denn die Umkehrung der Sequenzfolge ist nur der erste Schwung einer exegetischen Pendelbewegung, deren zweiter Schwung die ‚natürliche' Sequenzfolge wiederherstellt, d. h. von der früheren Sequenz zu der ihr folgenden, von der die Pendelbewegung ihren Ausgang nahm, fortschreitet. Der Vollzug einer solchen Pendelbewegung soll es dem Konstellationsanalytiker ermöglichen, die Realien eines Vorgangs der Verdichtung kommunikativer Erfahrungen explizit zu machen; in unserem Fallbeispiel: warum Strauss am 03. Juni 1965 sich gegenüber Kojève in genau der Weise über *reason* und *reasonableness* äußern konnte, wie er es tat.

Wir können sagen, dass der Konstellationsanalytiker, indem er jene exegetische Pendelbewegung initiiert, ein Gedankenexperiment vollzieht. Er versetzt sich an die Stelle des Empfängers eines Briefs, dem bei der Lektüre eine Passage unklar geblieben ist, und der, da es ihm wichtig ist, sie zu verstehen, den letzten Schriftverkehr mit dessen Autor hervorholt; der darin liest; dann neuerlich den jüngsten Brief sich vornimmt; im Licht seiner Lektüre des letzten Schriftverkehrs nun besser zu verstehen meint, worum es in jener unklaren Passage geht; der aber doch immer noch mit der Möglichkeit rechnet, dass alles ganz anders gemeint sein könnte, als es ihm scheint; der daher sich entschließt, noch einen weiteren Schritt in beider schriftlichem Verkehr zurückzugehen; und dieses Procedere letztlich so lange praktiziert, bis er sicher ist, was der Autor in jener Passage des letzten Briefs ihm sagen wollte.

▶   **Siebente Verfahrensregel der Konstellationsanalyse** Initiiere eine Pendelbewegung zwischen den verschiedenen Sequenzen einer Serie, um so den der ‚natürlichen' Sequenzfolge eigenen Vorgang einer schrittweisen Verdichtung kommunikativer Erfahrungen zu explizieren!

Der Konstellationsanalytiker, der das beschrieben Gedankenexperiment anstellt, vollzieht auf diese Weise von den beiden interagierenden Operationen der seriellen und der interseriellen Analyse nur deren einen Teil. Auch hinsichtlich des zweiten Teils können wir davon sprechen, dass es ihm angelegen sein muss, von seinem Ausgangsmaterial her exegetische Pendelbewegungen zu initiieren. Da er aber nun den Fokus auf die einzelne Person und deren Organisation ihres Denkraums richtet, wird allerdings das Gedankenexperiment, das er vollzieht, eine etwas andere Qualität annehmen müssen. Es ist im Fall der Analyse einer interseriellen Konstellation nicht die Haltung des erklärungsbedürftigen Briefempfängers, in die er sich versetzt. Sondern es ist dies die Haltung des Autobiographen, dem der Sinn einer Passage in einem Brief (z. B. bezüglich seines Wissens über *reason* und *reasonableness*), den er selbst vor längerer Zeit schrieb, nicht mehr recht klar ist, und der daher möglichst vollständig das, was er sonst in diesem Zeitraum geschrieben hat, konsultiert, um seine Denkbewegung seinerzeit zu rekapitulieren. – In unserem Beispiel muss das interserielle Gedankenexperiment, das der Konstellationsanalytiker vollzieht, zuerst der Haltung des Autobiographen Strauss gelten.

Im Vollzug des interseriellen Gedankenexperiments für den Fall Strauss kann der Konstellationsanalytiker z. B. feststellen, dass der (am 19. Oktober 1964) auch einem anderen der Beitragenden zu seiner Festschrift: jenem Jacob Klein, um die Einschätzung von dessen *Meno* (Klein 1965) er Kojève am 03. Juni 1965 bat, seinen Dank übermittelte – jedoch mit anderer Akzentuierung als im Fall von Kojève und dessen Beitrag, nämlich in Begriffen der *geistigen Ehre* (Strauss 1964b). Klein seinerseits befragte daraufhin am 25. Oktober 1964 Strauss, ob es denn nicht – obschon wohl *„bis zu einem gewissen Grade* wahr" sei, dass beider Verhältnis *auch* beinhalte, am anderen dies und jenes zu „missbillige[n]" – von Grund auf (und eben nicht nur *bis zu einem gewissen Grade!*) „wahr" sei, dass „Bindungen" zwischen ihnen beständen, „die jenseits aller möglichen Kritik liegen"; immerhin gebe es „keinen Menschen, den ich mehr ehre als Dich" (Klein 1964; Hervorhebung PG). Für den Konstellationsanalytiker könnte diese Feststellung nun Anlass sein, zum Zwecke der Explikation der Komplexität des geistigen Verkehrs, an dem Strauss teilhatte, seiner Analyse die Frage des Verhältnisses von *reason* und *geistiger Ehre* bzw. des Verhältnisses der graduellen Beurteilung von *reasonableness* und von *Ehrbarkeit* und *Geehrtsein* zu applizieren.

In diesem Zusammenhang ist es wichtig, uns in Erinnerung zu rufen, dass es sich bei der seriellen und der interseriellen Analyse um interagierende Operationen handelt, die unterschiedliche Fragestellungen an ein und dasselbe Material herantragen. Demnach kann der Konstellationsanalytiker sich nicht damit begnügen zu konstatieren, dass Strauss' Denkraum zum Zwecke der Kennzeichnung der Qualität einer Person sowohl einen Begriff von *reason* als auch einen Begriff *geistiger*

Ehre aufweist; sondern es sollte ihm angelegen sein, Klarheit darüber zu gewinnen, ob (und inwiefern) diese Begriffe in unterschiedlichen Serien (z. B. in der Strauss-Kojève-Serie und der Strauss-Klein-Serie) verschieden konnotiert ist.

Wir haben oben darauf hingewiesen, dass der Konstellationsanalytiker nicht zwangsläufig *alle* Fragen klären muss (und kann), die das Material ihm nahelegt. In diesem Sinn muss auch die Frage des Verhältnisses von *reason* und *geistiger Ehre* nicht zwangsläufig weiterverfolgt werden. Wenn der Forscher aber entsprechend der Vorgaben, die wir oben erläutert haben, die Möglichkeit, dieser Frage nachzugehen, nicht einfach fallengelassen, sondern wie beschrieben sie in den Forschungsprozess eingespeist hat, so wird er mindestens noch einmal auf sie zurückkommen. Er wird dies tun, nachdem er endlich in Form einer wohlbegründeten Forschungsentscheidung das Erreichen des Punktes im Rahmen seiner Untersuchung markiert hat, an dem die Auseinandersetzung mit den Materialien so weit fortgeschritten ist, dass keine Irritation hinsichtlich Strauss' Wissen über die Existenz von *reason* bzw. *reasonableness* mehr besteht. Denn dies ist nicht der Punkt, die Untersuchung zu beenden, sondern es ist dies der Punkt, an dem der Konstellationsanalytiker mit der (oben schon angedeuteten) gezielten Falsifikation der Befunde, die er bis hierher gewonnen hat, beginnen kann. Es gilt ihm nun in diesem letzten Schritt der Analyse, systematisch anhand seines Forschungstagebuchs zu überprüfen, welche der Aspekte des Materials, die zu vernachlässigen er auf dem Weg sich entschieden hatte, seine Befunde widerlegen könnten oder doch jedenfalls in deren Licht erklärungsbedürftig sind – um nun gerade diesen Aspekten noch einmal besondere Aufmerksamkeit zu widmen und auf diese Weise sein Forschungsergebnis auf verbreiterter Materiallage bestätigen zu können oder es zu präzisieren.

▶ **Achte Verfahrensregel der Konstellationsanalyse** Bemühe Dich um eine gezielte Falsifikation Deiner Befunde: Identifiziere anhand Deines Forschungstagebuchs vernachlässigte Aspekte, die sie widerlegen könnten!

Im Ergebnis der seriellen und interseriellen Analysen, die der Konstellationsanalytiker vorgenommen hat, wird er die Denkbewegung einer öffentlichen Person (bzw. mehrerer interagierender Personen) in der Form von Veränderungen und Kontinuitäten ihres Denkraums (des Settings ihrer Begriffe, Argumentationsfiguren, sprachlichen Bilder, etc.) erarbeitet haben. Sofern wenigstens eines der Objekte dieses Denkraums – der Begriff *reason* bzw. *reasonable*, die Referenz auf den Autor *Aristophanes*, o. ä. – auch ein Objekt im Denkraum einer anderen Person darstellt, hat der Konstellationsanalytiker eine Grundlage, um diese Denkräume und die ihre Entwicklungen begleitenden Denkbewegungen zu vergleichen, d. h. eine *transserielle* Analyse vorzunehmen.

Wie wir oben festgestellt haben, tragen wir in Form einer solchen Analyse *dieselbe* Fragestellung an *unterschiedliche* Materialien heran. D. h. die *Grundlage* eines Vergleichs von Denkräumen bzw. Denkbewegungen ist *in konstellationsanalytischer Hinsicht* keine andere als im erläuterten Szenario; lediglich wird hier eine *Mehrzahl* von Konstellationsanalysen zum Zweck der Kontrastierung des im Material sich niederschlagenden Handelns und Zusammenhandelns öffentlicher Personen vollzogen. Die Praxis des Fallvergleichs selbst unterscheidet sich nicht von der üblichen Praxis in der Soziologie; daher ist sie nicht Gegenstand unserer Darstellung. Wir wollen allerdings noch einmal daran erinnern, dass der Anspruch einer Konstellationsanalyse die Explikation der *Komplexität* des geistigen Verkehrs, den man ‚Öffentlichkeit' nennt, ist. Ein vergleichendes Verfahren, das diesem Anspruch zuwiderliefe, z. B. auf die Formulierung simpler Dichotomien aus wäre, den Prozesscharakter des Denkens unterschlüge oder serielle Sonderheiten einebnete, wäre folglich für die Zwecke der Konstellationsanalyse nicht geeignet.

Schluss: Die Stellung der Konstellationsanalyse in der Soziologie im Allgemeinen und in der empirischen Sozialforschung im Besonderen

Wir haben unsere Überlegungen mit der Feststellung begonnen, dass die soziologische Konstellationsanalyse in der Form, die uns hier beschäftigt, *einerseits* Ähnlichkeiten zu Denkbewegungen und Verfahrensweisen aufweist, die unter dem Begriff Konstellationsforschung in der Philosophiegeschichtsschreibung bzw. der Literaturwissenschaft praktiziert werden, und die *andererseits*, schon aufgrund ihres Gegenstandsbereichs, unterschieden ist von einigen der Denkbewegungen und Verfahrensweisen, die im Fach Soziologie Geltung haben. Eine präzise Begründung dieser allgemeinen Feststellungen würde eine eigene Untersuchung erfordern. Im Rahmen eines Einführungstextes, dem es vor allem angelegen sein soll, die systematischen Grundlagen eines Verfahrens zu erläutern und exemplarisch einige Hinweise für die Verfahrenspraxis zu geben, wäre eine solche umfassende Reflexion über die transdisziplinäre Einbettung unserer Überlegungen und über deren Stellung innerhalb der Soziologie, da sie auf dem Feld der Philosophie der Geistes- und Sozialwissenschaften stattfinden müsste, fehl am Platz. Wir wollen aber abschließend wenigstens einige Thesen formulieren, in welche Richtung diese Reflexion gehen könnte.

Die Feststellung, dass eine soziologische Denkbewegung *Ähnlichkeiten* mit Denkbewegungen *außerhalb* der Soziologie, dagegen *Unterschiede* zu Denkbewegungen *innerhalb* der Soziologie aufweist, ist nur auf den ersten Blick überraschend; sie gilt sicher nicht allein für die Konstellationsanalyse. Dies illustriert eindrücklich die Verlegenheitsformel von der Soziologie als einer „multiparadigmatischen Wissenschaft" (Balog und Schülein 2008; Kneer und Schroer 2012; vgl. Reckwitz 2006), die man kürzlich gefunden hat, um die Vielfalt der ,Soziologie' denotierten Denkbewegungen trotz ihrer Unvereinbarkeit unter *einen* Begriff zu versammeln, der zwar epistemologisch nichtssagend ist, aber immerhin epistemologische Assoziationen wecken mag – da diese Unvereinbarkeiten nun einmal

© Springer Fachmedien Wiesbaden 2016

P. Gostmann, *Einführung in die soziologische Konstellationsanalyse*, essentials, DOI 10.1007/978-3-658-10327-9_4 auf der Ebene der akademischen Institutionen (in Fakultäten, Fachgesellschaften usw.) verbunden sind und also ihre Protagonisten wenn auch keine wissenschaftliche Haltung, so doch immerhin gewisse *Interessen* miteinander teilen (Gostmann 2015). Ihre Haltung teilen Soziologen allerdings zwar *nur* mit einem Teil der übrigen Soziologenschaft, aber dafür häufig *auch* (ebenso wie Interessen) mit einigen Protagonisten anderer Wissensformationen, mit der Wirtschaft, der Politik, den Massenmedien, usw. – hin und wieder zum Vorteil ihrer Intellektualgestalt, hin und wieder nicht.

Konstellationsanalytiker teilen z. B. mit der Henrich-Schule die wissenschaftliche Haltung, „Aufkommen" und „Dynamik" von Argumentationsfiguren unter Berücksichtigung einer „Vielfalt" von „aufeinander bezogenen Positionen verständlich werden" lassen zu wollen und dabei „Erklärungen im größeren Format", wie z. B. die Idee des ‚Gesamtgesellschaftlichen' sie evoziert, gegenüber „der Nähe zum wirklichen Geschehen", konkreten Verdichtungen von Kommunikation, zurücktreten zu lassen (Henrich 1991, S. 1708–1709). Oder sie teilen mit Vertretern der *Cambridge School* z. B. die wissenschaftliche Haltung, der zufolge „sowohl die beabsichtigte Bedeutung" eines Textes als auch „das beabsichtigte Verständnis dieser Bedeutung" erfasst werden muss, um ihn angemessen „verstehen" zu können (Skinner 2009, S. 60).

Die besondere Relevanz der wissenschaftlichen Haltung des Konstellationsanalytikers scheint uns nicht zuletzt darin zu liegen, dass erst unter ihrer Voraussetzung eine systematische Klärung der Qualität und Zusammensetzung der verschiedenen Motivlagen und Gedankenfiguren, die in die verschiedenen ‚Soziologie' denotierten Äußerungen Eingang gefunden haben, und dass dergestalt ein *materialgesättigter* Beitrag zur Reflexion der Erkenntnisvoraussetzungen des Fachs (der ein notwendiger Beitrag zu dessen Professionalisierung ist) möglich wird. Wenn wir eingangs unserer Überlegungen bemerkt haben, dass die Konstellationsanalyse für einige angrenzende Wissenschaften von Interesse sein kann, sofern deren Forschungsthemen eine soziologische Dimension aufweisen, so können wir analog für sie feststellen, dass die Konstellationsanalyse es z. B. Kommunikationswissenschaflern (nicht nur) ermöglichen kann, die Erkenntnisvoraussetzungen der Kommunikationswissenschaft zu überprüfen, Religionswissenschaftlern, dies hinsichtlich der Erkenntnisvoraussetzungen der Religionswissenschaft zu tun, usw.

Den weiteren Rahmen, in den das Verfahren der Konstellationsanalyse fällt, können wir mit Karl Mannheims „prägsame[r] Formel" als den der „*Soziologie des Geistes*" (Mannheim 1982, S. 329) beschreiben – ohne uns deswegen das gesamte Programm, das Mannheim mit der Formel verbinden wollte, zu eigen zu machen.

Wir verbinden wie Mannheim mit der Formel einer Soziologie des Geistes die Identifikation einer Gruppe von Personen, die für die soziologische Analyse besonders relevant ist, da die Modalität ihres Handeln, d. h. die klassifikatorische Reaktualisierung des Bedeutungsgehalts der Ordnung von Verbänden, sie mit besonderer Gestaltungsmacht ausstattet; während Mannheim sie die „kulturschaffende[n] Subjekte" nannte (ebd.), haben wir sie im voraussetzungsfreieren Begriff ‚öffentliche Personen' zusammengefasst. Wir teilen überdies mit Mannheim den Erkenntnisanspruch, die Analyse des Handelns und Zusammenhandelns dieses Personenkreises nicht auf das Erfassen der „Entstehung und Expansion der öffentlichen Meinung" begrenzen zu wollen, da derart nur „die Oberflächenbewegung des Geisteslebens" in den Blick geriete, sondern sie auf die „Tiefenschichten der menschlichen Weltformung, die kategoriale Apparatur selbst", auszudehnen (ebd., S. 350).

Nicht zuletzt in dem empirischen Verfahren, dem unsere Darstellung galt, der Konstellationsanalyse, und insbesondere in der mit ihm verbundenen Entscheidung, anlässlich des Aufweises der Sinnproduktionen, die mit den Konfigurationen kategorialer Apparaturen einhergehen, strikt *rekonstruktiv* vorzugehen, manifestiert sich der Unterschied zwischen unserem Verständnis einer Soziologie des Geistes und dem Mannheims. So haben wir z. B. den Eindruck, dass in der Folge von Mannheims Voraussetzung eines „Kampfe[s] der Denkstile" (ebd., S. 368) erhebliche Erkenntnispotentiale ungenutzt bleiben, da sie die Soziologie des Geistes auf die Subsumtion der vielfältigen Materialisationen, in denen die Verdichtung kommunikativer Erfahrungen dem Forscher zugänglich ist, unter die Formen der „Polarisation" und der „Synthese" verpflichtet (ebd., S. 365), und sie einer recht oberflächlichen Typologie der „öffentliche[n] Auslegung des Seins" (ebd., S. 335–336) zurichtet.

Dieser Unterschied mag sich dadurch erklären, dass seit den Zeiten Mannheims, im Zuge der Professionalisierungsinitiativen, die man seither in der Soziologie unternommen hat, die Praxis der Materialexegese beträchtlich an Raffinement gewonnen hat, wovon die Konstellationsanalyse und mithin die Soziologie des Geistes, wie wir sie verstehen, profitiert. Wir haben im Rahmen unserer Darstellung bewusst darauf verzichtet, die Konstellationsanalyse mit bestimmten der Methoden der empirischen Sozialforschung in Verbindung zu bringen. Auch in dieser Hinsicht wollen wir hier aber wenigstens einige Thesen formulieren.

Die Konstellationsanalyse verfolgt, wie wir gesehen haben, das Ziel der Sinnrekonstruktion, so dass sie naturgemäß in der Form subsumtionslogischer Verfahrensweisen nicht praktikabel ist; mit dem Anspruch, rekonstruktiv vorzugehen, ist aber keine Entscheidung für ein *bestimmtes* rekonstruktives Verfahren verbunden. Wir gehen bis auf Weiteres davon aus, dass Sozialforscher nicht, indem sie ein bestimmtes methodisches ‚Programm' befolgen, den Sinn einer Äußerung adäquat rekonstruieren (bzw. ihnen dies nicht gelänge, wenn sie anders verführen), sondern indem sie ihr Material so ernst wie möglich nehmen: nicht davon ausgehen, sie seien klüger als die Personen, deren Äußerungen sie nachzuvollziehen suchen; keine Formulierung ohne Prüfung als ‚zufällig' oder ‚unbedeutend' abtun; skeptisch sind gegenüber den Parallelen zu Bekanntem oder Bereits-Analysiertem, die sich ihnen nahelegen mögen. Unsere Erfahrung ist es, dass es zu diesem Zweck hilfreich ist, sein Vorgehen an den exegetischen Prinzipien zu orientieren, die man für die sogenannte strukturale Hermeneutik formuliert hat (Wernet 2009); aber wir haben andererseits keinen Grund zu der Annahme, dass nicht auch z. B. auf Grundlage der sogenannten wissenssoziologischen Hermeneutik (Soeffner 2004) oder der als *grounded theory* bekannten Verfahrensweise (Corbin und Strauss 1990) dem Erkenntnisanspruch der Konstellationsanalyse nachzukommen wäre, sofern die Bereitschaft, ein Material ernst zu nehmen, gegeben ist.

Die Bedeutung, die im Rahmen der Konstellationsanalyse dem Interagierenlassen zweier analytischer Operationen zukommt: der Beschreibung der Organisation von Übergängen zwischen Sequenzen einer sozialen Serie *und* der Beschreibung der Handhabung von Brüchen zwischen unterschiedlichen aufeinanderfolgenden Serien, hat eine Parallele im Feld der neueren ethnographischen Methodologie, genauer in dem Verfahren der „transsequentiellen Analyse" mit seinem „Anspruch […], zwei Zeitlichkeiten als Bewegung und Wandel aufeinander zu beziehen" (Scheffer 2008, S. 377). Interessanterweise findet hier denn auch inzwischen die Metapher der Konstellation Verwendung (vgl. Scheffer 2012). Während allerdings die Konstellationsanalyse wie die transsequentielle Analyse gleichsam „multi-temporal" ansetzt, geht sie, anders als diese, bei aller Relevanz, die sie den Objekten des Denkens (Gedankenfiguren, Metaphern etc.) zuweist, nicht geradezu vom Primat des „objekt-zentrierte[n] Blick[s]" (ebd., S. 96) aus.

Mit diesen wenigen Bemerkungen sind indes nur einige Anknüpfungspunkte der Konstellationsanalyse innerhalb des Feldes der rekonstruktiven Sozialforschung angedeutet; so wäre zu prüfen, inwiefern sie sich, sofern entsprechende Materialien vorliegen, mit Verfahren der Bild- oder Filmanalyse (Breckner 2010; Raab 2008; Reichertz und Englert 2010) kombinieren lässt. Und wenn wir gesagt haben, dass Konstellationsanalysen, da ihr Ziel die Sinnrekonstruktion ist, naturgemäß in der Form subsumtionslogischer Verfahrensweisen nicht praktikabel sind, so bedeutet dies nicht, dass die quantifizierende Sozialforschung eine konstellationsanalytische *terra incognita* darstellen müsste. So hat sich z. B. gezeigt, dass eine klassifikatorische Methode wie die Clusteranalyse hilfreich für die systematische Organisation von Forschungsfeldern, die konstellationsanalytisch bearbeitet werden sollen, sein kann (Gostmann und Meyer 2012); dass zu diesem Zweck auch der Einsatz netzwerkanalytischer Operationen geeignet ist, lässt sich ebenfalls mittlerweile belegen (Härpfer 2014).

Was Sie aus diesem Essential mitnehmen können

- Die Konstellationsanalyse versteht das Handeln einer öffentlichen Person als eigensinnige Verknüpfung vielfältiger, in Interaktion mit verschiedenen anderen Personen und Personenkreisen gewonnener und im Sinne dieses Interaktionsgeschehens in steter Entwicklung befindlicher Erfahrungsgehalte.
- Die Konstellationsanalyse geht aus von *Ereignissen*, die sie als *Sequenzen* innerhalb einer sozialen *Serie* (bzw. mehrerer sozialer Serien) betrachtet, die formal definiert ist durch die an ihr beteiligten Personen bzw. Personengruppen und sich also von anderen sozialen Serien unterscheidet, insofern die Zusammensetzung der beteiligten Personen(-gruppen) unterschiedlich ist.
- Die Konstellationsanalyse stellt bezogen auf ausgewählte Fälle ein Mittel der systematischen Explikation der Komplexität des geistigen Verkehrs, den man ‚Öffentlichkeit' nennt, dar.
- Der grundlegende Aspekt einer Konstellationsanalyse ist es, ausgehend von definierbaren Sequenzen des Handelns und Zusammenhandelns öffentlicher Personen die kommunikativen Serien, die in ihnen zusammenlaufen, zu identifizieren (*Identifikation der Ereigniskonstellation*); weitere zentrale Aspekte sind die Beschreibung der relevanten *seriellen* sowie der *interseriellen* (personenspezifischen) Verdichtungen kommunikativer Erfahrungen; einen weiteren möglichen Aspekt stellt der Vergleich des Sinngehalts von in semantischer Hinsicht verbundenen sozialen Serien (*transserielle* Analyse) dar.

© Springer Fachmedien Wiesbaden 2016
P. Gostmann, *Einführung in die soziologische Konstellationsanalyse*, essentials,
DOI 10.1007/978-3-658-10327-9

Literatur

Assmann, J. (2000). *Das kulturelle Gedächtnis. Schrift, Erinnerung und politische Identität in frühen Hochkulturen.* München: C. H. Beck.

Auffret, D. (1990). *Alexandre Kojève. La philosophie, l'Etat, la fin de l'Histoire.* Paris: Bernard Grasset.

Balog, A., & Schülein, J. A. (Hrsg.). (2008). *Soziologie, eine multiparadigmatische Wissenschaft: Erkenntnisnotwendigkeit oder Übergangsstadium?* Wiesbaden: VS Verlag für Sozialwissenschaften.

Bluhm, H. (2007). *Die Ordnung der Ordnung. Das politische Philosophieren von Leo Strauss.* Berlin: Akademie.

Bourdieu, P. (2001a). Das politische Feld. In *Das politische Feld. Zur Kritik der politischen Vernunft* (S. 41–66). Konstanz: UVK.

Bourdieu, P. (2001b). *Meditationen. Zur Kritik der scholastischen Vernunft.* Frankfurt a. M.: Suhrkamp.

Breckner, R. (2010). *Sozialtheorie des Bildes. Zur interpretativen Analyse von Bildern und Fotografien.* Bielefeld: Transcript.

Corbin, J. M., & Strauss, A. (1990). *Basics of qualitative research. Techniques and procedures for developing grounded theory.* Thousand Oaks: Sage.

Dahlheim, W. (2013). *Die Welt zur Zeit Jesu.* München: C. H. Beck.

Gadamer, H.-G. (1974). Hermeneutik. In J. Ritter (Hrsg.), *Historisches Wörterbuch der Philosophie* (Bd. 3, S. 1061–1073). Basel: Schwabe & Co.

Goethe, J. W. (1994a). Aus meinem Leben. Dichtung und Wahrheit. Erster Teil. In *Werke. Hamburger Ausgabe* (Bd. 9). München: C. H. Beck.

Goethe, J. W. (1994b). Alterswerke. In *Werke. Hamburger Ausgabe* (Bd. 1, S. 304–391). München: C. H. Beck.

Goodman, N. (1990). *Weisen der Welterzeugung.* Frankfurt a. M.: Suhrkamp.

Gostmann, P. (2014). *Beyond the Pale. Albert Salomons Denkraum und das intellektuelle Feld im 20. Jahrhundert.* Wiesbaden: Springer VS.

Gostmann, P. (2015). Die Öffentlichkeit der Soziologie. Tönnies, Hegel und die Gegenwart. In P.-U. Merz-Benz (Hrsg.), *Öffentliche Meinung und soziologische Theorie – Ferdinand Tönnies weitergedacht* (S. 61–91). Wiesbaden: Springer VS.

Gostmann, P., & Meyer, T. (2012). Formal aspects of ‚The Nature of Politics and Society'. An Analysis of the ‚University in Exile', 1933–1945. *Socjologiczna perspektywa procesów kształtowania życia społecznego. Roczniki Nauk Społecznych, 40*(4), 89–114.

© Springer Fachmedien Wiesbaden 2016

P. Gostmann, *Einführung in die soziologische Konstellationsanalyse,* essentials, DOI 10.1007/978-3-658-10327-9

Härpfer, C. (2014). *Georg Simmel und die Entstehung der Soziologie in Deutschland. Eine netzwerksoziologische Studie*. Wiesbaden: Springer VS.

Henrich, D. (1991). *Konstellationen. Probleme und Debatten am Ursprung der idealistischen Philosophie (1789–1795)*. Stuttgart: Klett-Cotta.

Hölscher, L. (1984). Öffentlichkeit. In J. Ritter & K. Gründer (Hrsg.), *Historisches Wörterbuch der Philosophie* (Bd. 6, S. 1134–1140). Basel: Schwabe.

Homolka, W. (2010). *Jesus von Nazareth im Spiegel jüdischer Forschung*. Berlin: Hentrich & Hentrich.

Hunter, I. (2010). Die Geschichte der Philosophie und die Persona des Philosophen. In M. Mulsow & A. Mahler (Hrsg.), *Die Cambridge School der politischen Ideengeschichte* (S. 241–283). Frankfurt a. M.: Suhrkamp.

Klein, J. (1964). Brief an Leo Strauss. [Annapolis] Den 25. Oktober 1964. In L Strauss (Hrsg.), *Gesammelte Schriften. Bd. 3. Hobbes' politische Wissenschaft und zugehörige Schriften – Briefe*, 604. Stuttgart: Metzler. (2008)

Klein, J. (1965). *A commentary on Plato's meno*. Chicago: The University of Chicago Press.

Kneer, G., & Schroer, M. (2012). Soziologie als multiparadigmatische Wissenschaft. Eine Einleitung. In *Handbuch Soziologische Theorien* (S. 7–18). Wiesbaden: Springer VS.

Kojève, A. (1929). Rezension zu: K. Ambrozaitis, Die Staatslehre Wl. Solowjews. *Archiv für Sozialwissenschaften und Sozialpolitik, 61*, 199.

Kojève, A. (1964a). The Emperor Julian and his art of writing. In J. Cropsey (Hrsg.), *Ancients and moderns. Essays on the tradition of political philosophy in honor of Leo Strauss* (S. 65–113). New York: Basic Books.

Kojève, A. (1964b). L'origine chrétienne de la science moderne. In *Mélanges Alexandre Koyré. Publiés Ã l'occasion de son soixante-dixième anniversaire. Tom 2: L'Aventure de l'esprit* (S. 295–306). Paris: Hermann.

Lepsius, M. R. (1964). Kritik als Beruf. Zur Soziologie der Intellektuellen. *Kölner Zeitschrift für Soziologie und Sozialpsychologie, 16*, 75–91.

Lepsius, M. R. (1993). *Demokratie in Deutschland. Soziologisch-historische Konstellationsanalysen*. Göttingen: Vandenhoeck & Ruprecht.

Mannheim, K. (1982). Die Bedeutung der Konkurrenz im Gebiete des Geistigen. In V. Meja & N. Stehr (Hrsg.), *Der Streit um die Wissenssoziologie* (Erster Band, S. 325–370). Frankfurt a. M.: Suhrkamp.

Mannheim, K. (1985). *Ideologie und Utopie*. Frankfurt a. M.: Klostermann.

Meier-Walser, R. C. (2010). Methodik der neorealistischen Konstellationanalyse. In C. Masala, F. Sauer, & A. Wilhelm (Hrsg.), *Handbuch der internationalen Politik* (S. 227–235). Wiesbaden: VS Verlag für Sozialwissenschaften.

Mulsow, M., & Stamm, M. (Hrsg.). (2005). *Konstellationsforschung*. Frankfurt a. M.: Suhrkamp.

Peirce, C. S. (1974). *Collected Papers. Vol. V and VI: Pragmatism and Pragmaticism and Scientific Metaphysics*. Cambridge: Harvard University Press.

Raab, J. (2008). *Visuelle Wissenssoziologie. Theoretische Konzeption und materiale Analysen*. Konstanz: UVK.

Reckwitz, A. (2006). Warum die ‚Einheit' der Soziologie unmöglich ist. Die Dynamik theoretischer Differenzproduktion und die Selbsttransformation der Moderne. In U. Schimank & R. Greshoff (Hrsg.), *Was erklärt die Soziologie? Methodologien, Modelle, Perspektiven* (S. 65–77). Münster: LIT.

Reichertz, J., & Englert, C. (2010). *Einführung in die qualitative Videoanalyse. Eine hermeneutisch-wissenssozilogische Fallanalyse*. Wiesbaden: VS Verlag für Sozialwissenschaften.

Reinhard, W. (1999). *Geschichte der Staatsgewalt. Eine vergleichende Verfassungsgeschichte Europas von den Anfängen bis zur Gegenwart.* München: C. H. Beck.

Scheffer, T. (2008). Zug um Zug *und* Schritt für Schritt. Annäherungen an eine transsequentielle Analytik. In H. Kalthoff, S. Hirschauer, & G. Lindemann (Hrsg.), *Theoretische Empirie. Zur Relevanz qualitativer Forschung* (S. 368–398). Frankfurt a. M.: Suhrkamp.

Scheffer, T. (2012). Die trans-sequentielle Analyse – und ihre formativen Objekte. In R. Hörster, S. Köngeter, & B. Müller (Hrsg.), *Grenzobjekte. Soziale Welten und ihre Übergänge* (S. 87–112). Wiesbaden: Springer VS.

Schön, S., Kruse, S., Meister, M., Nölting, B., & Ohlhorst, D. (2007). *Handbuch Konstellationsanalyse. Ein interdisziplinäres Brückenkonzept für die Nachhaltigkeits-, Technik- und Innovationsforschung.* München: oekom.

Schulze, H. (1994). *Staat und Nation in der europäischen Geschichte.* München: C. H. Beck.

Skinner, Q. (2009). *Visionen des Politischen.* Frankfurt a. M.: Suhrkamp.

Soeffner, H.-G. (2004). *Auslegung des Alltags – Der Alltag der Auslegung.* Konstanz: UVK.

Somers, M. R. (1994). The narrative constitution of identity. A relational and network approach. *Theory and Society, 23,* 605–649

Strauss, L. (1932). Brief an Alexandrè Kojève. December 6, 1932. In L. Strauss (Hrsg.), *On Tyranny. Revised an expanded edition. Including the straus-kojève-correspondence* (S. 221). Chicago: The University of Chicago Press. (2000)

Strauss, L. (1941). Persecution and the art of writing. *Social Research, 8,* 488–504.

Strauss, L. (1952). *Persecution and the art of writing.* Glencoe: The Free Press.

Strauss, L. (1953). *Natural right and history.* Chicago: The University of Chicago Press.

Strauss, L. (1964a). *The city and man.* Chicago: Rand Mc Nally.

Strauss, L. (1964b). Brief an Jacob Klein. [Chicago] October, 19, 1964. In L. Strauss (Hrsg.), *Gesammelte Schriften. Bd. 3. Hobbes' politische Wissenschaft und zugehörige Schriften – Briefe,* 603. Stuttgart: Metzler (2008).

Strauss, L. (1965). Brief an Alexandrè Kojève. June 3, 1965. In L. Strauss (Hrsg.), *On Tyranny. Revised an Expanded Edition. Including the Strauss-Kojève-Correspondence* (S. 313–314). Chicago: The University of Chicago Press (2000).

Strauss, L. (1966). *Socrates and aristophanes.* New York: Basic Books.

Wagner, G., & Härpfer, C. (2015). Max Weber und die Naturwissenschaft. In M. Endreß, K. Lichtblau, & S. Moebius (Hrsg.), *Zyklos 1. Jahrbuch für Theorie und Geschichte der Soziologie* (S. 169–194). Wiesbaden: Springer VS.

Weber, M. (1968a). Die drei reinen Typen der legitimen Herrschaft. In *Gesammelte Aufsätze zur Wissenschaftslehre* (S. 475–488). Tübingen: Mohr (Siebeck).

Weber, M. (1968b). Die ‚Objektivität' sozialwissenschaftlicher und sozialpolitischer Erkenntnis. In *Gesammelte Aufsätze zur Wissenschaftslehre* (S. 146–214). Tübingen: Mohr (Siebeck).

Weber, M. (1976). *Wirtschaft und Gesellschaft. Grundriss der verstehenden Soziologie.* Tübingen: Mohr (Siebeck).

Weber, A. (2014). *Die Not der geistigen Arbeiter.* Berlin: Duncker & Humblot.

Werle, D. (2014). *Ruhm und Moderne. Eine Ideengeschichte (1750–1930).* Frankfurt a. M.: Klostermann.

Wernet, A. (2009). *Einführung in die Interpretationstechnik der Objektiven Hermeneutik.* Wiesbaden: VS Verlag für Sozialwissenschaften.